家庭锻炼指南

曹素琴 陈 希◎著

中国广播影视出版社

图书在版编目（CIP）数据

家庭锻炼指南 / 曹素琴，陈希著 . -- 北京 : 中国广播影视出版社，2023.12

ISBN 978-7-5043-9154-4

Ⅰ．①家… Ⅱ．①曹… ②陈… Ⅲ．①体育锻炼－指南 Ⅳ．① G806-62

中国国家版本馆 CIP 数据核字（2023）第 244439 号

家庭锻炼指南
曹素琴　陈　希　著

责任编辑	王　佳　夏妍琳	
装帧设计	刘红刚	
责任校对	张　哲	

出版发行	中国广播影视出版社
电　　话	010-86093580　010-86093583
社　　址	北京市西城区真武庙二条9号
邮　　编	100045
网　　址	www.crtp.com.cn
电子信箱	crtp8＠sina.com

经　　销	全国各地新华书店
印　　刷	北京亚吉飞数码科技有限公司
开　　本	880 毫米 ×1230 毫米　1 /32
字　　数	215（千）字
印　　张	9.25
版　　次	2023 年 12 月第 1 版　2023 年 12 月第 1 次印刷
书　　号	ISBN 978-7-5043-9154-4
定　　价	56.00 元

（版权所有　翻印必究·印装有误　负责调换）

前 言

锻炼，有益身心健康，是时下流行的社会新时尚，是许多家庭积极追求的健康生活方式。

在一个大家庭中，男女老少锻炼需求不同，该如何制订锻炼计划？在什么时间锻炼？在哪里锻炼？锻炼如何不反弹、不受伤？女性特殊时期如何锻炼？老年人锻炼应注意什么？本书手把手指导不同家庭成员科学参与锻炼。

首先，本书开门见山，阐述了适用于每一个中国家庭的锻炼原则、锻炼方法、锻炼计划，指导读者有序准备和开展锻炼。

其次，本书针对不同家庭成员的锻炼需求，提供了因人而异、丰富全面、简便易操作的锻炼内容，促进少年儿童长得更高、变得更壮、远离近视；帮助中青年巧用碎片化时间参与锻炼，轻松减重、增肌、练出好身材；指导老年人健身养生、延年益寿，乐享幸福晚年。同时，系统阐述了一系列家庭锻炼游戏，让全家人能一起参与锻炼，享受家庭欢乐。

最后，本书解析了家庭锻炼常见伤病的应急应对措施，为家庭锻炼保驾护航。同时，介绍了当下流行的家庭锻炼实用"神器"，让家庭锻炼更有趣、更多彩。

整体来看，本书内容丰富、通俗易懂、图文并茂，全书有原则、有方法、有计划、有指导，无论男女老少，均能从本书中找到适合自己的锻炼方法并能快速、轻松学练。这是一本实用的家庭锻炼指南，一书在手，全家受益。

参与家庭锻炼、畅享健康生活。阅读本书，相信你定会收获健康、收获快乐、收获更幸福的家庭生活。

作者

2023 年 6 月

目 录

第一章　家庭锻炼基本原则　/ 001

不同家庭成员锻炼的好处　/ 003

因人而异，按需锻炼　/ 007

培养兴趣，养成习惯　/ 009

循序渐进，持之以恒　/ 011

力所能及，量力而行　/ 013

了解身体，尊重身体　/ 015

科学饮食，远离烟酒　/ 017

第二章　家庭锻炼常见方法　/ 019

做好哪些准备　/ 021

锻炼时间、地点选择　/ 027

锻炼强度选择　/ 031

运动前如何热身　/ 035

运动后如何拉伸　/ 043

疲劳恢复　/ 051

酸痛缓解　/ 053

锻炼期间如何补水　/ 055

锻炼期间怎么吃不反弹　/ 059

引导孩子锻炼，家长该做些什么　/ 061

第三章　家庭锻炼计划制订　/ 063

明确锻炼目标　/ 065

日、周、月锻炼计划　/ 067

寒假、暑假锻炼计划　/ 071

"小胖墩儿"减肥计划　/ 075

减脂塑形计划　/ 079

康复计划　/ 083

计划调整　/ 087

第四章　少年儿童：每天锻炼一小时　/ 089

参照"体测内容"进行锻炼　/ 091

再长高几厘米　/ 097

拒绝"瘦弱小"　/ 101

提高身体协调性　/ 103

远离近视　/ 107

纠正不良体态 / 109

这样做，缓解晕车情况 / 113

第五章 中青年：快捷高效锻炼 / 117

碎片化时间，随时随地动起来 / 119

减重与增重 / 125

练出马甲线与人鱼线 / 131

告别"拜拜肉" / 137

减掉"啤酒肚" / 145

塑造紧实腿部 / 149

缓解久坐疲劳与疼痛 / 155

改善睡眠质量 / 161

女性月经期、孕产期锻炼 / 165

第六章 老年人：提高生活质量 / 173

多做伸展，益寿延年 / 175

增强关节灵活性 / 179

社区器材健身 / 183

跳广场舞 / 191

伤后康复锻炼 / 193

预防阿尔兹海默症 / 197

做好健康监测 / 201

老年人锻炼禁忌 / 205

第七章　全家总动员：趣味家庭锻炼　/ 209

跑的游戏　/ 211

跳的游戏　/ 217

投的游戏　/ 221

球类游戏　/ 225

益智类游戏　/ 229

第八章　家庭锻炼伤病应对　/ 235

皮肤擦伤　/ 237

肌肉拉伤　/ 239

关节扭伤　/ 241

感冒　/ 243

岔气　/ 245

腹痛　/ 247

抽筋　/ 249

中暑　/ 251

出血　/ 253

骨折　/ 255

第九章　家庭锻炼实用"神器"　/ 257

轻巧器械　/ 259

运动护具　/ 269

运动手表　/ 271

运动健身 App　/ 273
体感游戏机　/ 275
跳舞毯　/ 279
智能健身镜　/ 281

参考文献　/ 283

| 第一章 |

家庭锻炼基本原则

快乐锻炼,乐享生活。对每一个家庭来说,家人的身心健康是彼此最牵挂和重视的事情,是家庭幸福的基础。

经常锻炼,好处多多,但要确保科学锻炼,这样才能事半功倍、安全有效。家庭日常锻炼应遵循科学的锻炼原则,赶快来了解一下吧。

不同家庭成员锻炼的好处

坚持科学锻炼,能促进身心发展,收获健康和快乐。不同年龄段的不同家庭成员参与有针对性的家庭锻炼,能切身体会锻炼所带来的诸多好处。

少年儿童锻炼的好处

少年儿童正处于生长发育的关键时期,积极参与家庭锻炼,能有效促进生理、心理、智力等全面发展。

- 参与跑跳锻炼,可以有效促进肌肉和骨骼发育,有利于长高。
- 提高运动能力,增强身体抵抗力。
- 促进新陈代谢,让少年儿童的身心始终充满活力。
- 锻炼中会遇到各种问题,可以培养少年儿童发现、思考、解决问题的能力,有助于少年儿童提高智力。
- 促进肠胃蠕动,帮助少年儿童更好地吸收营养、促进发育、减少积食。
- 消耗旺盛的精力,有助于改善睡眠,使少年儿童养精蓄锐,更好地应对生活和学习。
- 定期锻炼、科学睡眠,有助于少年儿童养成有计划、有目标的良好生活习惯。
- 改善情绪、缓解压力、提升自信,让少年儿童保持良好的心理状态。

经常跑跳的少年儿童身心更健康

中青年锻炼的好处

中青年坚持科学的家庭锻炼，有以下好处。

- 促进身体新陈代谢，减少身体脂肪堆积。
- 有针对性的家庭锻炼，可以帮助中青年实现身体塑形，塑造和保持良好的身材。
- 增强心肺功能，增加肌肉质量和力量，让身体始终保持相对年轻的状态，保持年轻活力。
- 增强身体抵抗力，预防职业病、慢性疾病。
- 释放压力、改善情绪、调整心态。
- 保持良好的体能、心态，更具魅力。
- 和老人、孩子一起锻炼，可改善亲子关系，营造良好的家庭氛围。
- 改善睡眠。

坚持锻炼，保持青春活力

老年人锻炼的好处

老年人积极参与家庭锻炼，有以下一些好处。

- 增强身体免疫力，减少感染流行疾病的风险。
- 有助于降低血压、胆固醇，控制血糖等，减少慢性疾病发生的风险。
- 促进消化，改善胃口，减少积食。
- 改善运动系统、呼吸系统、神经系统等功能，提高运动、呼吸、反应能力。
- 强健骨骼、减少肌肉萎缩。
- 保持生命活力，延缓衰老，益寿延年。

打太极拳的老年人

因人而异，按需锻炼

不同年龄、性别的人，身心发展特点不同，运动锻炼的兴趣爱好、时间安排、承受能力、锻炼效果等，自然也就不同，这是每一个家庭成员在锻炼前都应明确的客观事实，家庭锻炼应因人而异，按需锻炼。

少年儿童参与家庭锻炼应满足其生长发育的需求。

- 少年儿童正处于生长发育期，身心承受能力有限，锻炼时长、运动强度、运动量应适度。
- 参照校内体能检测，进行有针对性的补充或加强锻炼。
- 尽量在户外锻炼，健身的同时改善视力。
- 多参与跑跳类运动，促进长高。

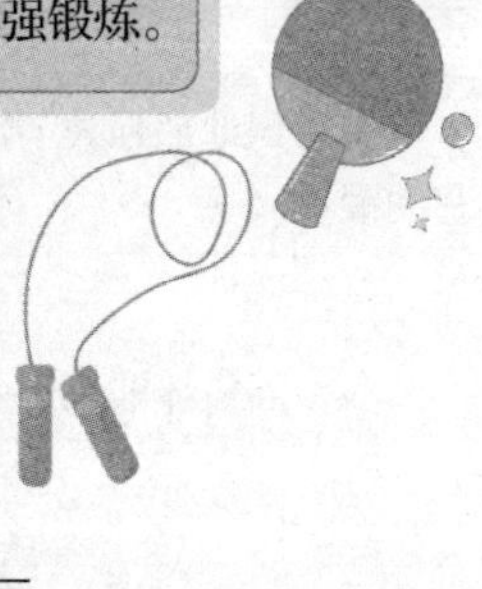

针对少年儿童锻炼需求的提示

中青年参与家庭锻炼应满足塑身、健美需求。

结合自己的闲余时间,有针对性地选择在早上、晚上或碎片化时间参与锻炼。

局部健美塑形与全身锻炼相结合。

卸掉"身材焦虑"包袱,追求健康美。

满足个性化、时尚性、社交性锻炼需求。

适量适度锻炼,切忌用力过猛致伤。

针对中青年锻炼需求的提示

老年人参与家庭锻炼应满足健身、养生、康复等需求。

有慢性病或体质较差的老年人,锻炼前应咨询医生的建议。

每周锻炼次数不宜过多,锻炼方式应温和,可选择散步、慢走、太极拳等锻炼内容。

有意识地加强关节锻炼,避免有头部猛烈位移的锻炼。

多参加集体锻炼,强身的同时,消除孤独感。

针对老年人锻炼需求的提示

培养兴趣，养成习惯

对于没有时间或对锻炼不感兴趣的人来说，坚持参与家庭锻炼并不是一件容易的事情。

培养运动兴趣爱好，养成良好的运动锻炼习惯，可以尝试从以下几个方面入手。

- 从趣味性运动游戏开始锻炼。
- 大胆尝试各种自己感兴趣的运动项目，从中找到自己感兴趣的内容。
- 与家人、同学、同事、朋友等相约一起锻炼，有伙伴的陪伴和监督，能更快培养运动兴趣并养成运动习惯。
- 家庭成员之间相互关心，充分认识到家庭锻炼的好处与必要性，鼓励对方积极锻炼。
- 组织和开展亲子锻炼活动，以增进家庭成员的情感交流，提高锻炼积极性。
- 家庭成员之间交流锻炼经验和心得，让锻炼成为一种健康的生活方式。
- 设立家庭锻炼日。
- 举办家庭趣味运动会。

小贴士

一到家就不想动？刚锻炼几天就放弃？锻炼时间一拖再拖？以下几点建议或许能帮你摆脱锻炼拖延。

★ 睡前把手机放远一点，早睡，才能早起锻炼。

★ 锻炼时间一到，立刻放下手中的事情去锻炼，不要想着等一会儿，再等一会儿。

★ 屋内放一些能激励自己锻炼的照片或物品，当你想拖延时可以看一眼它们。

★ 挑战朋友圈运动打卡，给自己一点压力，督促自己锻炼。

循序渐进，持之以恒

循序渐进，持之以恒，是家庭锻炼必须遵守的原则。在家庭锻炼过程中，践行循序渐进、持之以恒原则，应注意以下几点。

- 从未参与过锻炼的人，刚开始进行锻炼时，应有计划、有序地增加运动量和运动强度，不要急于求成。
- 儿童、产后妇女、瘦弱者、伤后初愈者等身体运动能力、免疫力较低者，再次参与锻炼，应逐渐增加运动量和运动强度。
- 平时运动量较少的人，避免突然挑战高强度锻炼。
- 每次锻炼开始前，进行5到10分钟的热身运动。
- 每次锻炼结束后，及时进行拉伸。
- 锻炼期间，合理安排运动间歇，促进身心能量恢复。
- 制订合理的锻炼计划和目标，有助于更好地坚持锻炼。
- 坚持每天锻炼不少于一小时。
- 家庭成员彼此鼓励、提醒、监督，一起坚持锻炼。

坚持锻炼，才能有所收获

力所能及，量力而行

人与人之间存在个体差异，锻炼中切忌"攀比""逞能"，要结合自己的身心特点和运动水平等实际情况开展锻炼，严格遵循力所能及、量力而行的原则。

具体来说，不同家庭成员在锻炼中应注意以下几点。

- 少年儿童参与锻炼，应降低运动难度和强度。
- 中青年不要认为自己身体素质好、控制能力强，就贸然挑战高难度的动作，这是非常危险的。
- 老年人锻炼时宜选择温和的运动项目。
- 必要时，戴上护具参与锻炼。
- 尝试高难度动作时，应有人在旁保护。
- 需要持续进行的静态动作，要在身体的可承受范围内。
- 如无锻炼经验，避免盲目照搬他人的健身攻略，不要盲目挑战网络热门高难健身任务，不可逞强跟做健身主播的健身操舞。
- 不必跟风，适合自己的锻炼才是最好的。

了解身体，尊重身体

家庭锻炼的目的是强健身心，但有很多人在锻炼期间，经常随意改变运动内容、动作难度、锻炼时长，如此锻炼没有考虑到身体的承受能力，长此以往，会伤害身体。

科学锻炼，应遵循了解身体、尊重身体的锻炼原则，具体要求如下。

- 必要时，锻炼前后应做身体检查（表1-1），结合身体状态调整锻炼计划和强度。
- 身体情况特殊者，锻炼前应咨询医生的建议。
- 动作准确、符合人体运动特点，避免因技术动作不标准而造成身体损伤。
- 运动中，掌握科学的呼吸方法。
- 不过度使用身体，如长时间、高强度屈膝或弯腰等，以免引发身体损伤。

- 锻炼计划中，合理安排运动间歇，让身体及时恢复、修整。
- 锻炼期间，保持良好作息，合理饮食。

表 1-1 运动锻炼前身体检查表

运动锻炼就医检查表	
检查内容	检查目的
血压	了解血压是否正常
血常规	了解是否贫血或有病毒感染
肝功肾功	了解肝肾功能
心电图	了解是否存在早搏现象
心脏彩超	了解心脏功能
肺活量、肺部CT	了解肺功能
其他医生建议项目	了解其他可能影响锻炼的情况
运动锻炼身体自查表	
身体状态好	身体状态欠佳
对锻炼感兴趣	锻炼兴趣不高、意愿不大
锻炼前，精神饱满，体力充沛	锻炼前，身体疲惫
锻炼后，疲劳恢复较快	锻炼后，乏力、酸痛感久久难消
锻炼后，心跳脉搏很快恢复如常	锻炼后，心慌、气短、恶心
锻炼期间，体重稳定或有序变化	锻炼期间，体重锐减后反弹
入睡快、睡眠深、睡眠质量好	多梦易醒、出虚汗、睡眠不好
食欲好	食欲不振

科学饮食，远离烟酒

锻炼对身体有益，烟酒会损害身体健康。参与家庭锻炼期间，要让身体保持健康的状态，应遵循科学饮食、远离烟酒的原则，具体应做到以下几点。

- 尽量不要空腹进行锻炼。
- 不节食，不挑食，不暴饮暴食。
- 用餐结束 1 小时后，再开始运动。
- 运动后 1 小时，再正常用餐。
- 日常多吃水果，运动后适当补充维生素。
- 饮食多样化，注意添加蛋白质含量较高的食物。
- 锻炼期间，尽量戒烟，吸烟会导致毛细血管收缩硬化，消耗体内维生素，会大大降低锻炼效果。
- 锻炼期间，尽量不喝酒，饮酒后不要开展任何锻炼。饮酒可造成体温不稳定、肌肉无力、意识模糊，会影响身体对动作的控制，可能在锻炼中引发运动损伤。
- 锻炼期间，科学补水。

远离烟酒，科学补水

油、盐

奶、豆类、坚果

动物性食物

水果、蔬菜

谷物、薯类

健康饮食金字塔

| 第二章 |

家庭锻炼常见方法

家庭锻炼方法丰富多彩,熟知运动前的准备工作与热身方法,掌握运动后的拉伸与消除疲劳的技巧,了解运动中的科学补水与饮食知识,能够让你的锻炼科学高效、有备无患。

做好哪些准备

"工欲善其事，必先利其器。"参与家庭锻炼前，应做一些必要的准备，以确保锻炼顺利开展。

身心准备

参与家庭锻炼需要"心动+行动"，所以锻炼前也需要在身心两方面做好准备。

- 制订合理的锻炼计划，明确锻炼目标。
- 身体条件良好，不带病锻炼。
- 评估体能、运动水平，有针对性地参与锻炼。
- 从事某一项运动前，先学习和熟练掌握基本技术动作。
- 运动锻炼前一定要进行热身。
- 保持心情愉快、放松。

- 心态平稳,不要有畏难、懒惰心理。
- 对自己接下来的锻炼有信心。
- 保持注意力集中,心不在焉或情绪不稳定时,不要参与锻炼,以免在运动过程中发生意外。

器具准备

★ 衣服

锻炼时所穿服装应坚持"舒适第一",同时应确保服装透气、松紧适宜。

舒适透气的服装让运动更轻松

舒适透气的衣服能让身体有放松、自由感。衣服以刚好贴合身体为佳,过于宽松的衣服会干扰做动作,过于紧身的衣服会令人憋闷不适。

此外,一些运动项目有专门的服装,锻炼时最好穿上相应的运动服,让锻炼更专业、安全,也增加锻炼仪式感。

需要特别提醒的是,锻炼时应摘取衣服上的饰品、尖锐挂件;冬季在户外锻炼后,回到室内应及时更换汗湿的衣服,谨防感冒。

★ 鞋袜

锻炼时所穿运动鞋袜同样要遵循"舒适第一"的原则,首选运动鞋、运动袜,鞋袜应轻便透气。

在从事一些特殊项目时应穿专业运动鞋袜,练习瑜伽或健身操舞可在垫上进行,只穿运动袜,或光脚锻炼。

练习瑜伽,可以不穿鞋

★ 健身器材与护具

- 大型健身器材：跑步机、椭圆机、划船器、登山器、腹肌训练器、踏步车、动感单车等。
- 健身健美小器械：哑铃、壶铃、握力器、呼啦圈、瑜伽砖、跳绳、健腹轮、瑜伽球、弹力带、彩带等。
- 运动护具：头盔、护膝、护腕、护肘、保护眼镜等。

利用瑜伽球进行锻炼

★ 电子装备

电子装备包括运动智能手环、GPS 手表、运动手表、装有运动类 App 的智能手机、智能脂肪秤等。

一些电子装备虽然不属于运动装备，但经常会伴随运动锻炼出现。比如，有些人喜欢边跑步边听音乐，这时降噪耳机便成为很好的运动装备，能带来更愉悦的运动体验。

★ 其他

参与某些专项运动时，还需要准备相应的专业器具（表2-1）。

表2-1 常见家庭锻炼项目专业器具

项目		器具
球类运动	乒乓球	乒乓球、乒乓球拍、球台
	羽毛球	羽毛球、羽毛球拍
	网球	网球、网球拍
	足球	足球
	篮球	篮球、篮球架
操舞运动	健身操	哑铃、瑜伽垫、踏板等
	健身舞	彩球、丝巾、扇子等
冰雪运动	滑冰	滑冰鞋、护具
	滑雪	滑雪板、护具
亲水运动	游泳	泳镜、泳帽、鼻夹等
	垂钓	渔具

锻炼时间、地点选择

进行家庭锻炼前,还需要选择好锻炼的时间和地点,这样既能充分利用时间,又能使锻炼科学有效。

锻炼时间推荐

- 早晨,经过一夜的休息,人体精力充沛,适宜锻炼。
- 下午3点左右,久坐或久站的上班族的身体会处于较为疲劳和僵硬的状态,此时应及时活动身体,做简单的锻炼。
- 傍晚和晚饭后,大部分人结束了一天的忙碌,时间自由,可以做一些方便、易开展的锻炼以放松身心。
- 日常锻炼时长一般应在30分钟到1个小时内,不要让自己感到太累,以免影响第二天的学习和工作。
- 已退休的老年人闲暇时间较多,可以根据自己的实际情况和喜好选择锻炼时间。

- 锻炼应安排在餐后 1 小时后进行，避免餐后胃部负担过重而对身体造成伤害。

锻炼地点选择

锻炼地点应尽量选择距离家或工作地较近的地方，在此基础上，以下地点均是锻炼的好去处。

- 家中宽敞的区域。
- 小区健步道、健身区域。
- 健身房、游泳馆。
- 对外开放的学校操场或运动场馆。
- 街心公园、森林公园、滨海广场等环境较好的地方。
- 风景优美的户外。
- 空间开阔、人员稀疏的地方。

选择锻炼地点时，除了择优，还应排除潜在的危险因素，远离以下地点。

- 来往车辆较多的交通要道及交叉路口附近。
- 有空气污染的区域，如工厂附近。
- 高压线下，或电塔附近。
- 高楼大厦附近（谨防忽强忽弱的高楼风和高空坠物）。
- 照明不好、人迹罕至的偏僻处。
- 野外自然水域。

在森林公园跑步的一家人

锻炼强度选择

锻炼强度,是指锻炼过程中人体承受的力量大小和紧张程度。锻炼强度不同,身体所承受的负荷和消耗的能量不同,因此进行锻炼时应选择适宜的强度。

锻炼强度影响因素

选择锻炼强度,应首先了解锻炼强度的主要影响要素(以下情况假设其他变量不变)。

- 所负重量:负重锻炼比不负重锻炼的强度大。
- 速度:动作速度越快,锻炼强度越大。比如,与 1 分钟跳绳 100 个相比,1 分钟跳绳 200 个的锻炼强度更大。
- 时间:锻炼时长越长,锻炼强度越大。比如,与连续蹲起 5 分钟相比,连续蹲起 10 分钟的锻炼强度更大。

- 频率：锻炼频率越高，锻炼强度越大。比如，一周跳操5次比一周跳操3次的锻炼强度大。
- 距离：锻炼距离越远，锻炼强度越大。比如，800米跑比400米跑的锻炼强度大。
- 高度：锻炼所要求达到的高度越高，锻炼强度越大。比如，上下50厘米跳箱比上下20厘米跳箱的锻炼强度大。
- 远度：锻炼所要求达到的远度越远，锻炼强度越大。比如，150厘米跳远比80厘米跳远的锻炼强度大。

锻炼强度选择标准

锻炼强度选择，应以身体可承受范围为标准，不要逞强，以免超过身体承受范围而引发意外，具体应考虑以下几点。

- 身体状态好，可适当增加锻炼强度。
- 有锻炼经验者，可适当调整锻炼强度。
- 日常锻炼，以感到呼吸加重、身体稍微出汗为宜，这样的身体反应说明锻炼强度合理。
- 锻炼中，如果心跳过快、呼吸急促不能正常说话，说明锻炼强度过大，应减少重量、速度等。
- 少年儿童、老年人、伤后初愈者的锻炼强度应比正常成年人的锻炼强度低。
- 锻炼应量力而行，不可逞强。
- 锻炼中，如感到身体不适，应及时降低锻炼强度，或及时停止锻炼。
- 锻炼强度有不同的等级划分，日常锻炼，可结合运动项目和身体感受来选择适合自己的锻炼强度（表2-2）。

表2-2 锻炼强度等级所对应的运动项目和身体感受

锻炼强度等级	代表运动项目	身体感受
极限	短跑、短距离游泳、跳远等	拼尽身体全部力量和速度进行，感到筋疲力尽、大汗淋漓、气喘吁吁
次极限	中长跑、武术、拳击等	身体感到吃力，呼吸急促难自控
高强度	快跑，快速骑车，激烈地打球、踢球等	消耗大量体力和心力，呼吸加快加深，不能以正常语速说话，心率明显加快，大量出汗
中等强度	快走、骑车、游泳、跳绳、太极拳等	身体感觉累，呼吸急促但可以正常说话，心率较快，微出汗
低强度	散步、原地踏步、跟随音乐小幅度舞动身体	身体没有明显的疲累感，比较轻松，呼吸频率稍加快，心率稍加快

运动前如何热身

运动前的热身非常重要,它就像给身体各细胞和各系统"开动员大会",能让身体为接下来参与锻炼做好充分的准备。下面推荐几种方便易操作的热身方法。

活动关节

★ 颈绕环

目的:活动颈关节。

方法:开立,上体正直,颈部肌肉发力,分别做前—左—后—右—前的逆时针绕环和前—右—后—左—前的顺时针绕环。10个绕环一组,做2组。

★ 肩绕环

目的:活动肩关节。

方法：开立，上体正直，双手搭肩，肩部肌肉发力，使肩部带动手臂分别向前、后做绕环运动。10次一组，做3组。可单肩绕环，也可双肩绕环。

肩绕环

★ 腰绕环

目的：活动腰部和髋关节。

方法：开立，上体正直，双手交叉、直臂上举，收腹，腰部肌肉发力，使腰带动身体做前—左—后—右—前和前—右—后—左—前的逆/顺时针绕环。10个绕环一组，做2组。

腰绕环

★ 转膝

目的：活动膝关节。

方法：并脚直立，屈膝半蹲，两手扶膝，膝部做顺/逆时针转动。左右方向各转动 10 次。

★ 绕踝

目的：活动踝关节。

方法：开立，上体正直，双手叉腰，一脚支撑，一脚脚尖点地，脚踝左右绕环转动。左右脚各转动 10 次。

跑跳热身

★ 高抬腿跳

目的：促进血液循环，提高心肺活力。

方法：并脚直立，一腿支撑，另一腿快速提膝向上抬高大腿，抬腿的同时，尽量保持小腿与地面垂直；双臂随摆或配合做抬腿后击肘动作。左右腿交替高抬腿，各 30 次。

高抬腿跳

★ 弓步跳

目的：促进血液循环，提高心肺活力。

方法：两脚前后站立，成右弓步，跳起，两脚在空中交换前后位置后落下，双腿由右弓步换成左弓步姿势。反复跳起，落下成弓步，连续跳 30 秒。

弓步跳

★ 开合跳

目的：促进血液循环，提高心肺活力。

方法：并脚直立，双臂自然下垂，直体向上跳起，双脚开立落地，双臂直臂在头上击掌；再次向上跳起，落地成开始姿势。反复开合跳，共跳起 20 次。

★ 快速踏步

目的：促进血液循环和新陈代谢，调动身体进入运动状态。

方法：原地快速小步幅踏步，踏步过程中保持上体正直，双臂随摆。踏步 1 分钟，休息 10 秒，继续踏步 1 分钟，再休息 10 秒，再踏步 1 分钟。

快速踏步

小贴士

很多人嫌运动热身太麻烦，经常忽略热身而直接开始锻炼，殊不知运动热身有如下诸多好处。

★ 促进身体由静止逐渐过渡到运动状态，避免身体突然承受速度过快、幅度过大的动作而受伤。

★ 激活身体，提高身体运动能力，让身体在锻炼中有良好表现。

★ 让身体做好应对锻炼的准备，提高机能水平，避免过早疲劳。

★ 促进血液循环和身体代谢，使体温升高，加速燃脂。

★ 增强锻炼信心。

运动后如何拉伸

运动后的拉伸能帮助身心放松,可减缓运动疲劳,根据所拉伸身体部位的不同,可采用以下常见拉伸方法。

头部拉伸

★ 侧拉头

目的:拉伸颈部两侧肌肉。
方法:双脚开立,右手从头上绕至耳上,稍用力将头向右侧拉,使颈侧肌肉有被牵拉感,持续数秒后,换另一侧拉伸。

★ 前拉头

目的:拉伸颈部后侧肌肉。
方法:双脚开立,双手头后交叉,双手稍用力将头向前拉,动作持续数秒后还原。

侧拉头

前拉头

手臂拉伸

★ 头后拉肩

目的：拉伸大臂内侧肌肉。

方法：双脚开立，右手臂背后屈肘，左手握右肘，稍用力向左后牵拉，坚持动作数秒后，换手臂练习。

头后拉肩

★ 侧拉肩

目的：拉伸大臂和肩部肌肉。

方法：双脚开立，左臂经体前向右伸，右手屈肘夹紧左臂使其贴近上体，坚持动作数秒后，换手臂练习。

侧拉肩

腿部拉伸

★ 前弓步压腿

目的：拉伸大腿前侧肌群。

方法："前腿弓，后腿蹬"，前腿屈膝，大腿与地面水平，后腿伸直脚掌着地，双手扶前腿的大腿，身体向下振压拉伸后腿肌肉20次后，转身换方向，换腿拉伸。

★ 侧弓步压腿

目的：拉伸腿部后侧肌群。

方法：两脚开立，下蹲，右腿支撑，左腿侧伸、直膝、绷脚尖或勾脚尖,右手扶右膝,左手摸左脚尖,向下振压拉伸左腿肌肉20次后,换腿拉伸。

前弓步压腿

侧弓步压腿

★ 后拉腿

目的：拉伸大腿前侧肌群。

方法：单脚站立，左腿支撑身体，左臂侧平伸保持平衡，右腿屈膝向后弯曲，右手抓握右脚踝向后上拉伸，数秒后换腿拉伸。

后拉腿

腰部拉伸

★ 腰侧屈

目的：拉伸腰侧肌肉。

方法：双脚开立，左手叉腰，右臂直臂侧上伸，手臂贴近头部，向左侧弯腰，拉伸腰部右侧肌肉数秒后，换方向拉伸腰部左侧肌肉。

腰侧屈

★ 腰前屈

目的：拉伸腰背肌群。

方法：双脚并拢站立，双臂伸直，上体前倾，双手尽量碰触脚尖或地面。

疲劳恢复

锻炼会消耗身体许多能量,锻炼后身体会觉得疲劳,要想消除疲劳,可以尝试以下方法。

- 降低锻炼强度:视情况降低运动强度,减少运动量。
- 积极性休息:在锻炼期间,穿插低强度活动或做一些放松动作,如散步、伸展动作等。
- 按摩:轻微的肌肉酸痛,可以通过按摩的方式帮助肌肉放松,以缓解疲劳。
- 提高睡眠质量:增加睡眠时长,增加睡眠深度,养成良好的生活作息。
- 调整饮食:及时补充营养,饮食多样化。
- 温水浴:锻炼后洗温水澡可以有效促进消除疲劳。
- 娱乐放松:通过听音乐、看书等自己喜欢的休闲娱乐方式放松身心。

- 意念放松：通过意念控制有意识地放松肌肉，缓解身体疲劳和心理疲劳。
- 保持心情愉快。

小贴士

按摩能缓解肌肉紧张，帮助肌肉放松，常见的按摩手法有以下几种。

★ 按法：用手指、手掌、肘部垂直按压身体某一部位。

★ 推法：用手指、手掌、肘部对身体某一部位施以单向、直线的推力。

★ 拿法：用手指腹捏起、松开身体某一部位的肌肉。

★ 摩法：用手指、手掌等接触并在身体某一部位表面做旋转动作。

酸痛缓解

长时间、高强度的运动锻炼后,肌肉或韧带会出现酸痛的情况,以下方法可以帮助缓解酸痛感。

- 拉伸:使肌肉被动拉伸,放松肌肉,缓解酸痛。
- 按摩:通过按摩促进血液循环,缓解酸痛。
- 积极性运动:通过伸展运动、游泳等,帮助肌肉乳酸代谢,缓解酸痛。
- 增加休息时间:给身体充分的恢复时间,让体内积累的代谢废物尽快排出去。
- 局部热敷:用热毛巾热敷酸痛肌肉部位,注意避免烫伤。
- 就医:运动锻炼后,身体酸痛严重并伴有局部肿胀现象,建议及时就医。

锻炼期间如何补水

锻炼期间，身体会大量出汗，及时合理补充水分非常重要。根据锻炼阶段不同，补水方法略有差异。

锻炼前补水

- 提前喝水，不要等到口渴时再喝水。
- 大量喝水后，胃部负担重，不宜马上开始运动。
- 锻炼前 4 小时，补充 450～600 毫升的水。
- 锻炼前 20 分钟左右，小口慢喝，补充 400～700 毫升的水。
- 锻炼前，适宜喝白开水。

锻炼中补水

- 多次少量补水。
- 锻炼时长短于 1 小时，每 15~20 分钟补充一次水分，每次补水 100~300 毫升。
- 锻炼时长长于 1 小时，每 15~20 分钟补充一次水分，每次补水 100~300 毫升。
- 锻炼中，适宜喝淡盐水或运动饮料[1]。
- 锻炼中，即使不口渴，也应及时补水。

锻炼后补水

- 补大于失，补水量宜比失水量多 25%~50%。[2]
- 根据出汗的多少进行补水。
- 参考体重减重情况进行补水，补水量可根据运动前后体重差[3]×1000×（125%~150%）计算得出。
- 锻炼会消耗身体盐分（出汗）和能量，补水时可考虑补充盐水和糖水。
- 锻炼后，可以喝电解质饮料，如含有钠、钾、氯、镁、磷等矿物质的饮料。
- 锻炼后，避免一次喝大量的水，以免造成胃部负担过重或

---

[1] 运动饮料：根据运动时生理消耗而配制的饮料，含有适量的糖、维生素、电解质，可补充运动中的营养消耗。
[2] 梁丹丹、壹图：《夏季运动与补水》，《中老年保健》2018 年第 7 期。
[3] 体重差，应取公斤数值。

引发水中毒[1]。

- 糖尿病患者不建议喝糖水。

★积极主动补水。
★少量多次补水。
★喝温开水。
★小口慢喝。
★补水同时注意补盐、补糖。

锻炼期间科学补水原则

---

[1] 水中毒症状：细胞肿胀，细胞渗透压下降，血液含盐率下降，肌肉痉挛。

锻炼期间怎么吃不反弹

很多人锻炼一段时间后,体重会明显下降,但随着锻炼的继续进行或暂停,会有体重增长的反弹现象。这是由多种原因造成的,但通过调节饮食,可以让体重保持持续稳定的下降并维持在一个比较平稳的水平。

锻炼后体重下降原因

- 锻炼期间大量出汗,身体中水分流失,体重会下降。锻炼后补水,体重会回升。
- 锻炼激发了身体活力,新陈代谢加快。
- 体内脂肪被消耗。
- 锻炼后疲劳导致食欲降低,饮食摄入减少。

锻炼期间饮食控制

要想体重不反弹,除了积极锻炼,还要在饮食方面进行干预。

- 坚持低碳饮食,限制碳水化合物的摄入。
- 少吃主食,但不是不吃主食,饮食中长期缺乏主食,可能会导致肌肉无力、记忆力下降。
- 食物多样化,荤素搭配、粗细搭配。
- 均衡食物供能比例:碳水化合物50%~65%,脂肪20%~30%,蛋白质10%~15%。
- 保持低脂、低油、低盐、低糖。
- 按时进餐,不节食,不绝食,不暴饮暴食。
- 食不过量,降低进食速度,吃七分饱。
- 食物摄入量应小于锻炼中体能消耗量。

饮食结构合理

食物种类齐全

营养供给充足

营养比例合适

膳食均衡

引导孩子锻炼,家长该做些什么

孩子健康成长是每一位家长的心愿,要想引导孩子锻炼,家长可以从以下几方面做起。

- 家长以身作则,经常参与锻炼,使孩子耳濡目染、爱上锻炼。
- 为孩子创造良好的锻炼氛围,经常谈论有关体育运动、健身锻炼的话题、趣事等。
- 为孩子提供良好的硬件条件,如购买运动装备、锻炼器材等,支持孩子锻炼。
- 和孩子一起观看体育赛事。
- 带孩子从方便易操作的锻炼方法入手,如饭后散步、户外放风筝等。
- 和孩子一起制订锻炼计划。
- 和孩子一起进行运动打卡。

- 经常跟孩子进行运动游戏互动。
- 经常带孩子去户外踏青、郊游、徒步等。

欢乐的一家人正在放风筝

| 第三章 |

家庭锻炼计划制订

科学、持续、高效的锻炼能让我们的身体健康有活力。但在锻炼之前,最好先制订详细具体、可落实的锻炼计划,比如明确锻炼目标,制订日、周、月锻炼计划,制订减肥塑形计划等,用计划来激发我们的锻炼热情和动力,令我们锻炼的过程更有步骤、更系统化。

明确锻炼目标

家庭锻炼想要取得良好的效果,首先要明确锻炼的目标,用目标来指导行动。

为什么要明确锻炼目标

锻炼之前先明确锻炼的目标,这样会令锻炼事半功倍。

明确锻炼重点,令锻炼更具科学性,避免盲目跟风。

为锻炼计划的制订指明方向、提供依据。

有效激发锻炼主体的动力和责任心。

便于及时对锻炼效果进行监测与检查。

明确锻炼目标的好处

制订锻炼目标时的注意事项

在制订锻炼目标的过程中,需要注意以下事项。

- 目标制订要合理,应根据实际情况而定,避免过高或过低。
- 锻炼目标的制订因人而异,明确锻炼的目的,如增肌、减脂、增强体质、塑形、提升体态等,进而制订锻炼目标。
- 目标设置要具体,避免模糊、笼统,并且能够立即执行。
- 分阶段设置锻炼目标,并用清晰的数据来表示目标,如长期锻炼目标是减脂 40 斤,短期目标则是减脂 5 斤。
- 目标最好附带完成的时间点,比如 3 个月内减重 5 斤。

家庭锻炼,事先明确目标好处多多

日、周、月锻炼计划

锻炼计划应详细,既要有短期锻炼计划,如日、周锻炼计划,又要有中长期锻炼计划,如月、年锻炼计划。下面以日、周、月锻炼计划为例,讲解制订计划的具体方法和相关注意事项。

锻炼计划的具体制订

每名家庭成员的身体素质、锻炼目标、可用的锻炼时间等各不相同,在制订锻炼计划的时候要根据实际情况去安排。

下面分别提供日、周、月锻炼计划的范例,如表 3-1、表 3-2、表 3-3 所示,以供参考。

表 3-1　每日锻炼计划

锻炼时间	锻炼项目	锻炼组数和次数	锻炼后拉伸/休息时间
6:30～7:10	瑜伽（可在此处标明具体的瑜伽体式）	每种动作5组，每组10次	10分钟
9:30～9:45	坐姿拉伸/扩胸运动	每种动作5组，每组10次	5分钟
13:10～13:25	散步	/	/
15:30～15:45	坐姿拉伸/扩胸运动	每种动作5组，每组10次	5分钟
19:30～20:10	仰卧起坐、引体向上等力量运动	每种动作5组，每组10次	15～20分钟

表 3-2　每周锻炼计划

锻炼时间	锻炼安排	具体项目	锻炼组数和次数
周一	肩背、腰腹训练	上犬式、下犬式、直臂曲肘平板支撑、卷腹、跪姿俯卧撑、哑铃弯举	每种动作5组，每组10次
周二	臀腿训练	开合跳、高抬腿、俯卧后抬腿、臀桥、左右扭胯	每种动作5组，每组10次
周三	休息	/	/
周四	肩背、腰腹训练	上犬式、下犬式、直臂曲肘平板支撑、卷腹、跪姿俯卧撑、哑铃弯举	每种动作5组，每组10次
周五	臀腿训练	开合跳、高抬腿、俯卧后抬腿、臀桥、左右扭胯	每种动作5组，每组10次
周六	休息	/	/
周日	肩背、腰腹训练	上犬式、下犬式、直臂曲肘平板支撑、卷腹、跪姿俯卧撑、哑铃弯举	每种动作5组，每组10次

表 3-3　每月锻炼计划

锻炼时间	每周锻炼次数	每次锻炼时间	锻炼后拉伸/休息时间
第一周	3～5 次	30～60 分钟	15～20 分钟
第二周	3～5 次	30～60 分钟	15～20 分钟
第三周	3～5 次	30～60 分钟	15～20 分钟
第四周	3～5 次	30～60 分钟	15～20 分钟

每月锻炼计划的具体项目可以结合每周锻炼计划的内容来制订。另外，在执行每月锻炼计划的过程中，随着身体逐渐适应运动强度，也可随时调整计划，逐步增加每周锻炼的次数和时间，比如第一、二周分别锻炼 3 次，每次锻炼 30 分钟，第三、四周分别锻炼 4～5 次，每次锻炼 40 分钟。

注意事项

- 制订计划前要明确锻炼时间，比如每日最多 1.5 小时，最少 0.5 小时。
- 制订计划前根据实际情况设定运动强度，选择合适的运动项目。
- 运动前后要进行充分的热身、拉伸活动。
- 运动前后的热身、拉伸时间根据运动时间和强度而定，如果运动时间较长、强度较大，可适当延长热身、拉伸时间。
- 日、周、月锻炼计划表的具体内容可根据实际情况灵活调整。
- 持之以恒地落实锻炼计划。

寒假、暑假锻炼计划

寒、暑假的时间较长，无论是中小学生，还是大学生，都可以为自己制订一个详细的锻炼计划，循序渐进地进行锻炼，逐步养成良好的运动习惯，让假期生活更健康充实。家人也可以一起参与其中，共同感受运动带来的快乐。

下面分别提供中小学生和大学生寒假、暑假锻炼计划范例（以周为单位），以供参考。

中小学生寒假、暑假锻炼计划的制订

放寒、暑假时，中小学生既可在家进行运动，又可以在父母的带领下进行一些户外运动，对身体都有着莫大的好处。具体的锻炼计划如表 3-4 所示。

表 3-4　中小学生寒假、暑假锻炼计划（周）

锻炼时间	锻炼安排	锻炼项目	组数、次数或时间
第一天	柔韧性训练或平衡性训练	坐位体前屈、手脚并用撑地走、单脚支撑	每个动作30~60秒，2~3个动作为一组，每组5次
第二天	趣味运动	踢毽子、转呼啦圈、跳绳等	30~60分钟
第三天	户外运动	登山、滑冰、游泳、打篮球、踢足球等	30~60分钟
第四天	休息	/	/
第五天	柔韧性训练或平衡性训练	坐位体前屈、手脚并用撑地走、单脚支撑	每个动作30~60秒，2~3个动作为一组，每组5次
第六天	趣味运动	踢毽子、转呼啦圈、跳绳等	30~60分钟
第七天	休息	/	/

趣味运动：转呼啦圈

户外运动：打篮球

大学生寒、暑假锻炼计划的制订

大学生在制订寒、暑假锻炼计划时，可以加入丰富多彩的户外运动项目，以丰富运动形式，增强自己的运动兴趣。

表 3-5　大学生寒假、暑假锻炼计划（周）

锻炼时间	锻炼安排	锻炼项目	组数、次数或时间
第一天	有氧训练	开合跳、高抬腿、后勾腿、俯卧开合跳、原地慢跑	每种动作5组，每组10次
第二天	力量训练	直臂扩胸、负重深蹲、平板支撑、卷腹、屈腿仰卧后撑	每种动作5组，每组10次

(续)

锻炼时间	锻炼安排	锻炼项目	组数、次数或时间
第三天	户外运动	游泳、滑冰、冲浪、登山、打篮球、踢足球等	40~60分钟
第四天	休息	/	/
第五天	有氧训练	开合跳、高抬腿、后勾腿、俯卧开合跳、原地慢跑	每种动作5组，每组10次
第六天	力量训练	直臂扩胸、负重深蹲、平板支撑、卷腹、屈腿仰卧后撑	每种动作5组，每组10次
第七天	休息	/	/

注意事项

- 对于没有锻炼基础的人而言，应合理安排锻炼时间和强度，循序渐进。
- 运动前后要进行热身和拉伸活动。
- 每日锻炼时间不宜过长，以免造成身体疲劳。同时可以多种锻炼项目穿插进行，以提高锻炼兴趣。
- 选择寒、暑假运动项目时，可以根据自己的爱好、季节特点或天气情况等来决定。
- 无论进行室内运动还是户外运动，都要确保安全。尤其是户外运动，运动前要充分了解相关安全风险，做足准备。比如事先查阅天气预报，选择在阳光明媚的日子出门运动；暑假出门运动时避开高温时段，并寻找宽敞、阴凉之处进行锻炼；登山前查好路线，备好食物、水等物品。

"小胖墩儿"减肥计划

儿童饮食习惯不好,摄入太多,日常生活中又不爱运动,就会造成肥胖等问题。面对这种情况,父母要及早干预,帮助孩子脱离"小胖墩儿"的形象,保证孩子的健康发育。

父母不妨和孩子一起着手制订科学实用的减肥计划,帮助孩子养成良好的饮食习惯和锻炼习惯。

"小胖墩儿"减肥饮食计划的制订

想要帮助"小胖墩儿"控制体重,需要从饮食和运动两方面入手去制订计划。此处提供饮食计划的范例,可根据实际情况进行参考。

早餐	牛奶250毫升,主食100克,肉类25克,蔬菜50克(可酌情增减食量)

"小胖墩儿"减肥之每日饮食计划

 加餐	水果，或无糖酸奶一杯，或坚果几颗
 午餐	主食150克，肉类150克，蔬菜150克
 加餐	水果，或无糖酸奶一杯，或坚果几颗
 晚餐	主食25克，肉类25克，蔬菜100克

"小胖墩儿"减肥之每日饮食计划（续）

饮食注意事项

- 饮食应遵循低脂、低热量、少食多餐等原则。
- 主食可以用薯类、豆类等代替。
- 多食用鱼、虾、鸡、牛等高蛋白质肉类，多食用新鲜蔬菜水果。
- 乳糖不耐受者可用豆浆代替牛奶、酸奶。
- 上午加餐时间为 9:30～10:30，下午加餐时间在 15:30～16:30。

"小胖墩儿"减肥运动计划的制订

儿童减肥运动方式多种多样,可根据实际情况选择合适的运动项目。此处提供"小胖墩儿"减肥运动计划的范例,以供参考。

运动前热身

顺、逆时针转动头部;两臂前后、左右绕环;上半身分别向左、右侧屈;站立前屈;原地转动手脚踝关节。2~3个动作为一组,每组5次。

儿童燃脂操

原地碎步跑20秒;坐姿交替收腿(坐在瑜伽垫上,双腿悬空,左右屈膝收腿)20秒;伏地登山(双手撑地,做平地登山运动)20秒;双腿交替跳20秒;开合跳20秒;弓箭步摆臂20秒。每个动作中间休息20秒,2~3个动作为一组,每组5次。

运动后拉伸

坐姿,双腿并拢摸脚尖(坐在瑜伽垫上,并拢双腿,身体前倾,两手够两脚脚尖);坐姿,双腿分开摸脚尖;坐姿,双脚掌心相对屈上身。

"小胖墩儿"减肥之每日运动计划

运动注意事项

- "小胖墩儿"减重可选择的有氧运动有很多,可根据实际情况选择合适的有氧运动。
- 运动前后要做充分的热身和拉伸动作,时间为5~10分钟。
- 每次运动时间在40~60分钟;每周运动4~5天。若无运动基础,可酌情减少运动次数、时间、难度。

小贴士

带孩子减肥并不容易,家长要想方设法地激起孩子运动的热情,帮助孩子逐步实现减肥计划。

★ 投其所好,选择孩子喜欢的运动项目,如趣味跳操、游泳等。

★ 家人陪同孩子一起锻炼。

★ 和孩子比赛,看谁动作更标准、运动时间更长、瘦得更快。

★ 在孩子取得进步的时候,及时给予肯定和鼓励,或者送给孩子一些礼物作为奖励,比如一副运动手套、孩子喜欢的篮球服等。

减脂塑形计划

减脂塑形可以改善体态和体型，令人举手投足间更具魅力。想要达到好的减脂塑形效果，就要双管齐下，同时在饮食和运动上多花心思、多下功夫。

减脂塑形饮食计划的制订

下面提供每日减脂塑形饮食计划的示例，可根据实际情况进行参考。

早餐	牛奶、燕麦、水果、坚果

减脂塑形饮食计划

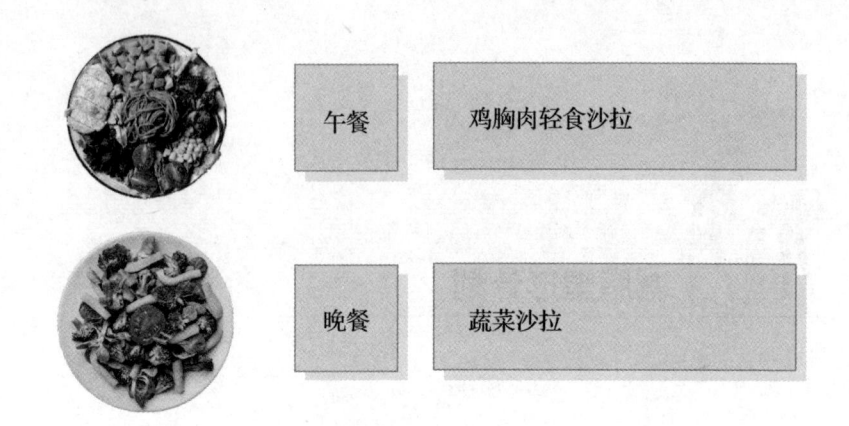

午餐	鸡胸肉轻食沙拉
晚餐	蔬菜沙拉

减脂塑形饮食计划（续）

饮食注意事项

- 合理安排饮食计划，注意营养均衡，杜绝节食。
- 多摄入优质碳水（红薯、玉米、燕麦、黄豆、红豆等）、优质蛋白质（牛奶、鱼肉、蛋类、鸡胸肉、瘦牛肉等）、高纤低碳蔬菜（西兰花、西红柿、西葫芦、生菜、芦笋等）。

减脂塑形运动计划的制订

减脂塑形可选择的运动方式有很多，下面提供一些示例以作参考。

运动前热身

顺、逆时针转动头部；两臂前后、左右绕环；上半身分别向左、右侧屈；站立前屈；原地转动手脚踝关节；2~3个动作为一组，每组5次。

高效燃脂训练

开合跳30秒；俯身开合跳30秒；仰卧交替抬腿30秒；仰卧抱头转体30秒；臀桥30秒；空中自行车30秒；深蹲30秒；左右交替高抬腿30秒；弓箭步30秒。每个动作中间休息30秒，2~3个动作为一组，每组5次。

运动后拉伸

颈部后仰拉伸；手臂交叉拉伸；双角式拉伸；下犬式拉伸；上犬式拉伸。

每日减脂塑形运动计划

运动注意事项

- 运动前后要做充分的热身和拉伸动作，时间在5~10分钟左右。
- 每次运动时间在40~60分钟，每周运动4~5天。若无运动基础，可酌情降低运动次数、时间、难度。

康复计划

伤病初步痊愈后,进行科学、适量的康复训练(简单的有氧运动、骨骼肌运动等)可以帮助恢复身体机能,提高精气神。

康复训练计划的制订

康复训练项目有很多,比如翻身练习、站立练习等,此处提供每日康复训练计划的范例,可根据实际情况进行参考。

> **清晨起床**
>
> 左右翻身练习20次;仰卧抓握练习(平躺,双臂伸直抬举,手部做抓握动作)20次;仰卧抬腿练习(平躺,双腿交替抬起)20次。

康复训练计划

9:30～10:30

原地坐下、站立练习20次；靠墙站练习5分钟；沿墙下蹲练习10次；两点间走动练习20次（从一点缓慢走向另一点）。

14:30～15:00

钟摆练习（两臂垂直向下，模拟钟摆前后或左右摇晃）10次；原地蹲起练习10次；扶墙向前抬腿练习20次；扶墙向前、后踢腿练习各20次。

睡前

左右翻身练习20次；仰卧抓握练习（平躺，双臂伸直抬举，手部做抓握动作）20次；仰卧抬腿练习（平躺，双腿交替抬起）20次。

康复训练计划（续）

注意事项

- 在进行康复训练前，先咨询医生或康复师，询问适用动作有哪些，在医生或康复师的指导下进行训练。

- 康复锻炼一定要循序渐进,根据个人的身体状况、恢复情况来安排锻炼的时间和强度,不可急于求成。
- 有些动作需要借助辅助工具进行,或在医生、康复师或家属辅助下进行。

计划调整

家庭锻炼计划并不是一成不变的,可以根据具体情况随时调整,以适应不同的锻炼阶段。在对锻炼计划进行调整时应注意以下事项。

- 计划调整要有依据,不能随心所欲。
- 可根据季节的变换来调整锻炼计划,比如春天选择散步、慢跑,夏天选择游泳、高温瑜伽,秋天选择登山,冬天选择室内力量训练。
- 可根据不同的需求调整锻炼计划,比如第一阶段是大基数减重,第二阶段是小基数塑形等。
- 实际锻炼的过程中,如果发现相关动作的设置过于复杂,超出能力范围,可及时调整计划,降低难度。
- 如果锻炼计划坚持一段时间后不见成效,要及时调整计划,比如加大训练强度、增加训练时间等。

| 第四章 |

少年儿童：每天锻炼一小时

少年儿童正处于身体生长发育的关键时期，坚持每天锻炼，能够更高、更壮、更健康。

此外，少年儿童坚持科学锻炼，还能有效避免肥胖、近视、不良体态等发育问题。

参照"体测内容"进行锻炼

少年儿童是家庭的团宠,是祖国的花朵和未来接班人,我国非常重视校园"阳光体育"的开展,并颁布《国家学生体质健康标准》督促中小学生积极参与体育锻炼、强身健体、快乐成长。

在每一个家庭中,父母、祖辈都会特别重视少年儿童的健康成长,会积极鼓励和带领少年儿童参与身体锻炼,如果家长们不太了解少年儿童应该如何开展锻炼,可以参照学生体测标准中身体体能类常见项目进行锻炼。

50米跑

热身:如活动关节、跑跳(参见本书第二章内容)、压腿、踢腿、快走等。

准备:目视前方,挺胸,膝盖和脚踝放松。

腿部动作:大腿肌肉发力,带动腿部前摆;脚落地时,脚掌着地，双腿交替快速跑进。

手臂动作：肩膀固定，屈肘约 90 度，手臂像钟摆一样随腿的摆动做反方向摆动，避免顺拐；手的摆起和落下均在胸和臀之间，不能过高，也不能过低。

呼吸：鼻子呼吸，或鼻吸口呼；跑 4 步呼吸 1 次或跑 6 步呼吸 1 次。

锻炼时间：应在餐前 2 小时，或饭后 1 小时进行跑步锻炼，避免增加肠胃负担。

注意：在练习 50 米跑快跑的基础上可以变换跑步方式，如小步跑、高抬腿跑、倒着跑等，让锻炼更加有趣。

坐位体前屈

动作：坐在地上或垫上，双腿、双脚跟并拢，直膝，脚尖稍分开；双臂伸直，上体前屈，双手前伸碰触脚尖并尽量超过脚尖。

注意：身体不要突然前屈用力，以免拉伤，可以小幅度试探性反复向前探伸双手。

可借助一些辅助锻炼方法逐步实现锻炼目标，具体方法如下。

站位体前屈：双腿并立，直膝，上体前屈，双手尽量触地，胸部尽量贴近腿部。

横叉体前屈：两脚开立，上体前屈，双手臂伸直并尽量前伸碰触脚尖或前方物体，胸部尽量贴近地面。

双人拉锯：两人面对面、脚对脚、手拉手，坐在地上或垫上，上体前屈，两人交替屈肘将对方拉向自己。

横叉体前屈

1分钟跳绳、仰卧起坐、引体向上

★ 1分钟跳绳

腿部动作：头正，目视前方，前脚掌落地，不要跳得过高，绳子刚好穿过脚下即可，跳得太高会影响速度和伤害膝盖。

手臂动作：用手腕摇绳，不要用手臂，以免消耗体力。

节奏：脚跟上手摇绳速度，节奏一致，避免被绳绊倒。

1分钟计时数量：可以参照学校体测的具体要求。

累计跳绳数量：每天建议跳绳600~800个，结合当天运动情况可适当增减。

时间：避免在用餐前后和睡前1小时内锻炼。

注意：穿合适的裤子和鞋子；如果担心被绳子打到，可以选择无绳跳绳器。

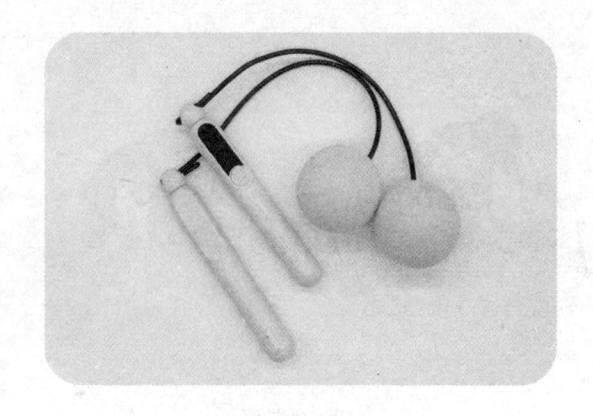

无绳跳绳器

★ 1分钟仰卧起坐

动作：仰卧于地上或垫上，屈膝 90 度左右，全脚掌触地，双手头后交叉抱头；腹部肌肉发力，抬起上体，手肘触膝。

呼吸：身体前屈时呼气，仰卧时吸气。

1分钟计时数量：可以参照学校的具体要求。

时间：避免在用餐前后和睡前 1 小时内锻炼。

仰卧起坐

★ 1 分钟引体向上

动作：双手间距略宽于肩，掌心向前握杠，利用手抓握、手臂、背部和腰腹肌力量共同配合，使身体克服重力向上，下巴超过握杠为完成一个引体动作。

呼吸：身体上拉时吸气，下落时呼气。

1 分钟计时数量：可以参照学校体测的具体要求。

时间：避免在用餐前后和睡前 1 小时内锻炼。

立定跳远

高中学段的体能测试除了上述项目，还包括立定跳远、800 米（女）、1000 米（男），①在忙于学业的同时，也一定不要忽视了体育锻炼。

动作：两腿稍分，屈膝，身体前倾，双臂前后预摆；两臂从后向前上摆，双脚掌快速蹬地，直膝、展髋、跳起，身体前送，身体在空中成一条斜线，跳过最高点后，屈膝、收腹、小腿前伸，脚跟先着地，屈膝缓冲。

距离：可以参照学校体测的具体要求。

时间：避免在用餐前后和睡前 1 小时内锻炼。

辅助锻炼方法：蛙跳、跳上台阶、向上纵跳等。

---

① 柳惠斌：《〈国家学生体质健康标准〉测试的组织与实施——以体能测试赛为例》，《福建教育》2021 年第 43 期。

800 米、1000 米

热身：关节绕环、跑跳、压腿、踢腿、快走等。

动作：目视前方，挺胸；膝盖和脚踝放松；大腿肌肉发力，带动腿部前摆；脚落地时，脚掌着地，双腿交替快速跑进。

呼吸：鼻吸口呼或口鼻同时呼吸；2 步一吸、2 步一呼或 3 步一吸、3 步一呼。

注意：跑完不要马上站着不动或坐下，要再走一段距离；衣服汗湿后注意避风并及时换上干爽的衣服。

再长高几厘米

少年儿童只要抓住机会积极锻炼,就能让身高再长高几厘米。以下锻炼项目和内容有助于少年儿童长高。

多进行伸展和弹跳锻炼

健美操:健美操中有许多伸展、跳跃动作,对促进少年儿童骨骼、肌肉、韧带等的拉伸和生长均有帮助作用,可帮助少年儿童长得更高。

篮球:打篮球时,需要完成各种跑、跳、投等动作,这些动作有助于刺激骨骼生长发育。

跳绳:可以单人跳,也可以和同伴一起双人跳、跳长绳。

纵跳、跳起摸高:垂直向上跳起,摸高处的物体。

跳远、单足跳、双足跳:这些运动能够促进腿部骨骼发育。

爬山、滑冰、滑雪:这些较多使用到双腿的运动,都有助于腿部骨骼生长，帮助少年儿童长高。

双人跳绳

保持良好的睡眠

- 保持每天睡觉时长在 8～10 个小时。
- 建议 21～22 点上床睡觉。
- 睡觉时，应关闭卧室照明，不建议开夜灯入睡。
- 睡觉环境应安静，不建议听歌、听广播入睡。
- 卧室常通风，空气清新、温度适中。
- 床被勤换洗晾晒，保证舒适、卫生。

小贴士

要想长高,在积极运动锻炼的同时,也不要忘了补充营养。合理的运动营养和运动锻炼同样重要,都能为你实现"再长高几厘米"的理想添砖加瓦。

★ 饮食丰富、多样。

★ 不挑食、不偏食、不节食。

★ 多吃含有优质蛋白的食物,如鸡蛋、鱼肉、鸡肉、豆制品等。

★ 多吃高钙食物,如牛奶、虾、深色蔬菜。

★ 多吃富含维生素D的食物,如动物肝脏、瘦肉、鸡蛋、鹌鹑蛋、玉米、香菇、鱼肝油等。

★ 多晒太阳,促进身体对钙的吸收。

拒绝"瘦弱小"

少年儿童柔弱、娇小，排除疾病因素外，多是锻炼不足导致的，因此少年儿童应特别注意加强体育锻炼，以促进血液循环、增加肌肉力量，改善消化系统的消化和吸收功能，让自己变得更强、更壮。

全身锻炼

- 从低强度锻炼内容开始，如散步、快走、慢跑。
- 多参加球类运动，如乒乓球、羽毛球、篮球、足球等。
- 游泳运动可增强体质，对改善消化不良有帮助作用。
- 参与健美操运动和形体训练，不仅能增强体质，还有助于美化形体。
- 合理控制锻炼时间和强度，避免太累影响身体恢复或食欲。

肌肉力量锻炼

- 进行上肢力量锻炼，如俯卧撑、平板支撑、引体向上、拳击等。
- 进行下肢力量锻炼，如蛙跳、深蹲跳、高抬腿、跑楼梯等。
- 进行躯干力量锻炼，如仰卧起坐、俯卧挺身、肩倒立等。
- 小强度、多频次锻炼，避免一次性运动过量导致身体消耗过大，适得其反。
- 避免饭后短时间内或非常饥饿的时候进行锻炼。
- 注意运动安全。

平板支撑

肩倒立

提高身体协调性

在家庭锻炼中,少年儿童可尝试通过以下锻炼内容和方法来提高身体协调性。

协调性运动锻炼方法

- 慢跑,能够增强手脚摆动配合的协调性。
- 游泳,可以改善身体灵活性,提高四肢协调运动能力。
- 跳跃运动,如跳绳、跳格子,有助于提高身体协调性。
- 转向运动,如转身跳、转身跑、变向跑等。
- 冰雪运动,如滑冰、滑雪等需要良好的身体协调、平衡、控制能力,可改善身体协调性。
- 学练健美操和街舞。
- 学练轮滑和滑板运动。

协调性趣味游戏

★ 手眼协调游戏

夹豆子或花生米：将豆子或花生米从一个碗中夹到另一个碗中。

拍皮球：手眼合作，重复拍皮球。

定点投沙包：目视前方，将沙包投到指定的位置。

★ 手脚协调游戏

螃蟹走：模仿螃蟹行走，左手和左脚、右手和右脚配合，双手双脚横向前进。

乌龟爬：模仿乌龟爬行，双手双脚交替配合向前行进。

手脚并用：将对应的手脚覆盖在贴于地面上的手、脚图标上，手脚并用尽量快速向前。

手脚并用游戏图标摆放示意图

★ 身体协调游戏

动作模仿：两人面对面，一人随意做动作，另一人快速模仿对方的动作。

走平衡木：以尽量快的速度走过平衡木，可双手平举维持身体平衡，稳和快兼顾，注意运动安全。

跳跳马：跳上、跳下跳马，可以手脚并用，也可以双手支撑身体跳过，全身协调用力。

绕障碍：快速绕过地上密布的障碍物。

走平衡木

跳上、跳下跳马

绕障碍

远离近视

少年儿童因为学业重、不注重用眼卫生、经常接触电子屏幕等原因,近视率逐年上升,严重影响身心健康和日常生活。

积极参加体育锻炼对少年儿童预防近视大有裨益,下面提供一些锻炼建议,以供参考。

坚持参加户外运动

- 进行远近交替视运动,如乒乓球、羽毛球、网球、篮球、足球等球类运动,运动中眼睛需要无规律地远看或近看,眼肌不断收缩和放松,对视力有调节和提升作用。
- 进行对视力有一定要求的运动,如飞盘、射击,从小参与此类运动可以避免近视。
- 进行需远眺的运动,如高尔夫、放风筝。长时间远眺,可以放松眼睛,有助于保护视力。
- 在大自然环境中开展体育运动,开阔、周边植物较多的运动环境对改善视力有帮助。
- 坚持每天锻炼一小时,锻炼方式方法可多样化。

经常锻炼眼球眼肌

- 眼球做顺时针和逆时针的环绕转动。
- 眼球朝上、下、左、右不同方向转动。
- 用温毛巾敷眼睛,注意用温水打湿毛巾,水和毛巾的温度不要过高,以免烫伤。
- 如果感到眼睛不舒服、酸痛,应闭目养神休息片刻。
- 注意用眼卫生,不用脏手揉眼睛。
- 连续伏案学习或目视电子屏幕30~45分钟后,应向远方眺望以放松眼睛。
- 坚持做眼保健操。

做眼保健操

纠正不良体态

良好的体态能展现少年儿童的青春气质和风采,所以少年儿童应从日常锻炼开始,纠正含胸、驼背、脊柱侧弯、高低肩、O型腿等不良体态,令自己的坐姿更端正、站姿更挺拔、体态更优美健康、气质更出众。

纠正含胸、驼背

扩胸:两脚开立,双臂胸前平屈,握拳相对,双臂同时向左右振肩扩胸,反复多次练习。

两头起:俯卧,两手臂直臂前伸,双腿稍分开,头、胸部、腿部同时用力上抬、离开地面。

靠墙站:靠墙站立,双腿并拢,收腹、挺胸、立背,头向上顶,脚跟、腿、臀、肩、头紧靠墙。

垫背放松:仰卧,背后垫靠垫或枕头,全身放松1分钟。

纠正脊柱侧弯

体侧屈：两脚开立，右手叉腰，左手侧上举，双腿不动，向右侧振压做体侧屈，左右交替练习。

俯卧举腿：俯卧，屈肘平板支撑，脊柱侧突一侧的腿后上高抬，异侧手臂向前直臂平举，数秒后还原。反复练习。

跪立转体：跪立，两臂侧平举，左右回转上体。

纠正高低肩

双提/沉肩：两脚开立，与肩同宽，上体正直，双肩同时上提、下沉，做提肩、沉肩练习。

单侧提肩：两脚开立，与肩同宽，上体正直，低肩的一侧做提肩练习。

单臂侧平举：两脚开立，与肩同宽，上体正直，低肩持重物（如一本书、一瓶矿泉水等）做侧平举，数秒后还原，反复练习。

纠正 O 型腿

直腿划圆：仰卧，一腿屈膝点地，另一腿直腿上举，在空中逆/顺时针画圆。

双腿夹纸：双腿并立，两膝间放一张 A4 纸，双腿先用力夹紧再放松，反复练习，确保腿间的纸不掉落。

八字横移：双腿直立，双脚交替做内八字、外八字动作，使身体横向移动。

纠正 X 型腿

坐压腿：坐在地上，上体正直，两脚掌相对合掌，双手扶双膝向下振压，尽量使膝盖接近或贴近地面，反复练习。

坐伸腿：坐在椅子上，双手扶椅面支撑，双腿并拢，双脚踝间夹毛巾或纸片（物体越薄越好，可以从厚逐渐过渡到薄）；脚跟贴地用力前伸至直腿、直膝。控制数秒后还原，反复练习。确保脚踝间的物体不掉落。

坐举腿：坐在椅子上，双手扶椅面支撑，双腿直膝并拢，双脚踝处套一个弹力带，先平举，再左右慢慢用力撑开弹力带。坚持数秒后还原，反复练习，注意练习过程中始终保持直膝状态。

这样做，缓解晕车情况

有些少年儿童在乘坐交通工具时，身体会对运动状态产生错误感知，出现头晕、恶心、出冷汗、呕吐等现象，这实际上就是晕车，又称晕动病。晕车的诱因比较复杂，但通过一些运动锻炼可以增强身体对运动的感知，进而缓解晕车不适感。

缓解晕车的锻炼方法

闭眼转圈：用双手或带巾蒙住眼睛，顺时针或逆时针转圈，旋转数圈后尽量保持身体正直不晃动，提高身体对空间变换的适应力。合理控制旋转速度，注意运动安全。

平衡球上抛接球：站在半圆的平衡球上，手持小球，将其抛起再接住，提高身体在上下（颠簸）运动过程中的控制能力和空间判断能力。

跨栏跳：两脚开立，双手背后交握，屈膝，上体前倾，依次跳过跨栏,感受身体在低重心状态下的空间运动。

平衡车推行:坐在平衡车上,让小伙伴推着自己向前后左右任意方向平稳行进,提高身体的方向感知力。速度不要过快,注意运动安全。

闭眼转圈

第四章　少年儿童：每天锻炼一小时 | 115

半圆平衡球上抛接球

跨栏跳

平衡车推行

缓解晕车的运动游戏推荐

荡秋千：荡秋千是一项少年儿童比较喜欢的运动，人在荡秋千的过程中，身体来回摆荡，对人体的空间感知能力、运动方向和速度感知能力、身体平衡能力等均有锻炼作用。

滑滑梯：人体从高处滑下，身体能感受到运动中受重力的影响，这种感受有助于增强身体对运动的感知，增强身体对人体运动变化的适应感。

滑板、滑冰：提高身体平衡能力，预防晕车。

蹦床、跳舞：提高人体的空间感知和判断能力、平衡能力，能减少晕车情况的发生。

| 第五章 |

中青年：快捷高效锻炼

在繁忙的工作、学习之余,中青年不妨抽出更多时间去锻炼身体,只要掌握简单快捷、高效科学的锻炼方法,并持之以恒,坚持不懈,不仅能缓解身体疲劳、改善睡眠质量、提升精神状态,还能告别"拜拜肉"与"啤酒肚",练出马甲线与人鱼线,拥有更好的身材,让健康如影随形,让生活丰富多彩。

碎片化时间,随时随地动起来

在快节奏的生活和工作中,中青年如果能高效利用碎片化的时间,随时随地、见缝插针地运动,将会取得意想不到的运动效果。

早起几分钟,做几个简单有效的运动

早晨起床后,做一些简单的体育锻炼能促进血液循环,唤醒一天的活力。

★ 踢腿锻炼

方法:站直身体,双脚打开与肩同宽,双手叉腰,目视前方,分别向身体正后方、侧后方、正侧方踢腿 10 次。

注意:动作幅度较缓,脊背始终挺直;动作期间保持均匀的呼吸。

★ 伸展阔背肌

方法：站直身体，双脚打开与肩同宽，双手扶住椅背，令上半身往下压，感受到背部肌肉的拉伸。动作持续 30 秒。

注意：上半身往下压时，双腿保持平直状态，避免屈膝；动作期间保持均匀的呼吸。

★ 靠墙马步蹲

方法：靠墙站立，双脚打开与肩同宽，背部紧贴墙面，做扎马步的动作下蹲。动作持续 30 秒。

注意：下蹲时，下半身的着力点应该聚焦在脚后跟；动作期间保持呼吸均匀。

需要注意的是，清晨空腹的情况下最好不要进行太剧烈的运动，以幅度较小、节奏舒缓的运动为主。

另外，如果清晨时间匆忙，可以缩短锻炼时间，如锻炼 5～10 分钟，只要全神贯注，注意动作要领，也可达到满意的健身效果。如果清晨时间稍微充裕一点，可以适当延长运动时间，如 10～30 分钟。

小贴士

若清晨时间较为充裕，还可进行以下运动，可根据实际情况自行选择。

★ 慢跑。

★ 瑜伽。
★ 俯卧撑。
★ 仰卧起坐。
★ 健美操。
★ 太极拳。
★ 八段锦。

行路时，不露声色地运动

在行路中，也可以不露声色地进行运动。

- 改变出行方式，用骑自行车或步行代替开车、乘坐地铁等。
- 改变走路的姿势，挺直背脊，肩部平直伸展，收紧腹部，避免塌肩、伸脖、驼背。
- 改变走路的速度，变缓步走为快走或慢跑。
- 能爬楼梯就爬楼梯，尽量少坐电梯。
- 等红灯或排队时可以悄悄做提踵运动，即挺胸收腹，平视前方，两腿微微张开，轻轻踮起脚尖再缓缓放下。
- 等红灯或排队时也可悄悄做直体扭腰运动，即挺直脊背，两腿微微张开，身体缓慢地向左右两边旋转，注意不要影响到他人。

- 等红灯或排队时也可悄悄做提肛运动，即站直身体，两脚微微分开，有节奏地收紧肛门向上提，再放松。

忙里偷闲，舒展筋骨，轻松健身

在日常生活中，可以忙里偷闲，如在做家务或看书学习的间隙，做一些简单的运动舒展筋骨，轻松健身。

- 在厨房择菜、洗菜时，可以一边忙活，一边有节奏地踮起脚尖再放下。
- 煲汤、制作糕点的过程中，随时转动腰部，做做扩胸运动等。
- 擦门、窗时，尽量做大幅度的动作，让肩部、手臂肌肉得到充分的拉伸。
- 低处取物时，顺便做做深蹲的动作。
- 在家看书、学习时，可端坐在书桌前，上半身挺直。看书间隙，可并拢双腿向前伸直，坚持几秒钟再放下。

其他时间，见缝插针地运动

其他碎片化时间也可以进行一些简单的运动。

- 看电视时或听广播时，做做瑜伽运动。

- 打电话时，挺胸收腹，左手握手机，右手可向后放在椅背上，微微用力，进行拉伸运动。
- 敷面膜时，可躺在瑜伽垫上，将双腿并拢靠在墙上，腿与身体呈90度角。
- 睡前躺在床上时，可抬起双腿，用左脚跟敲打右腿小腿，持续1分钟后，换另一腿继续，可有效缓解小腿疲劳、水肿。

减重与增重

在中青年人群中,有的人体型偏胖,需要减重,有的人体型偏瘦,需要增重,每个人可以根据自己的实际情况制订减重或增重计划,选择合适的运动方式,练就健康的身体和良好的身材。

健康减重,瘦出好身材

对中青年而言,想要科学减重,可以从以下几个方面入手。

★ 调整心态

想要顺利减重,就要保持良好的心态,避免操之过急。

首先要有信心,相信自己一定能成功减重。

其次要认识到减肥是一个长期的过程,只有日复一日地坚持才能取得良好的结果。

最后要意识到体重不代表一切,瘦并不一定就是美,唯有将饮食和运动结合起来,科学减重,才能获得令人满意的身材,如果采取极端的减重方式,只会严重影响身心健康。

★ 合理饮食

减重期间应均衡饮食,在摄入较低热量的同时保证充足的营养。切不可过度节食,否则会因长时间摄入较低能量而影响人体正常的免疫功能,导致基础代谢下降,危害身体健康,同时也会导致心情烦躁、低落,危害心理健康。

> 确保摄入食材丰富多样,均衡摄入肉(以鸡、鱼、虾肉为主,适当摄入牛、猪肉等)、蛋、奶、新鲜的蔬菜和水果等。

> 烹饪时以清淡为主,少油、少盐、低糖。

> 三餐最好定时定量,避免暴饮暴食。

> 早餐吃好,中餐吃饱,晚餐吃少。

> 主食可用玉米、红薯、南瓜等粗粮代替。

> 细嚼慢咽,让吃饭的速度慢下来。

> 少吃零食,尤其是热量高的油炸食品。

> 多喝白开水,少喝含糖饮料。

中青年合理饮食的要点

★ 调整生活习惯

减重期间避免熬夜,最好早睡早起,确保足够的睡眠时间,同时改掉酗酒、吸烟等不良习惯,这样才能提高身体的新陈代谢能力,达到理想的减重效果。

★ 选择合适的运动

减重除了要科学饮食,还要配合运动,这样才能练出较为理想的身型。

运动方式多种多样,强度高低不同,可根据自己的情况去选择。

较为轻柔、强度适中的运动:原地踏步、快走、慢跑、瑜伽、太极拳、八段锦、广场舞等。

中等强度的运动:游泳、爬山、骑自行车、跳健身操、跳绳、练力量瑜伽、划船、滑冰等。

根据自身情况,选择不同的减肥运动

球类运动：乒乓球、台球、篮球、足球、排球、羽毛球、网球、保龄球、高尔夫球、沙壶、冰壶等。

其他趣味运动：跳舞、滑旱冰、极限飞盘、陆地冲浪、攀岩等。

根据自身情况，选择不同的减肥运动（续）

需要注意的是，运动健身要讲究正确的方法，并根据自己的身体情况循序渐进地练习，不要盲目跟练，以免对身体造成损伤。

科学增重，循序渐进

对体重过于瘦削的人来说，想要科学增重，首先要调理肠胃，健康饮食，其次要搭配合适的运动，慢慢地达到理想体重。

★ 调理脾胃，健康饮食

体重过轻的人尤其要注意保持良好的饮食习惯，保证自己吃得健康，这样才能实现增重的目标。

优先选择食用高蛋白、高能量密度的健康食物：奶、畜肉、禽肉、蛋类、鱼、虾、豆制品、坚果等。

在规律饮食的基础上适量加餐，比如早餐和中餐中间加一餐，中餐和晚餐中间加一餐。

饭前不要吃零食，不要喝太多水；用餐过程中先吃主食、肉类、蔬菜，最后喝汤；专心吃饭，认真对待每一餐。

"瘦子"增重需要遵循的几条饮食原则

需要注意的是，增重和减肥一样，欲速则不达，千万不要在短时间内暴饮暴食，这非但无法达到理想增重效果，还极可能危害身体健康。

★ 选择合适的运动

增重和减重一样，除了科学饮食，还要搭配合适的运动以提高代谢能力，促进消化和吸收，增强肌肉力量。

多做重力训练，如举重、哑铃、引体向上、俯卧撑、扩胸运动等，能有效增肌，并让肌肉变得更结实。

适当做心肺耐力训练，如开合跳、波比跳、深蹲跳等，以增强体能，提高身体素质。

根据自身情况，选择合适的增重运动

练出马甲线与人鱼线

马甲线和人鱼线都是健康、美丽身型的象征，想要练出马甲线和人鱼线，就要进行有针对性的锻炼。

练出马甲线

马甲线指的是肚脐两边的肌肉线条，这两处肌肉线条处于腹直肌和腹外斜肌间。想要练出马甲线，可进行以下运动。

★ 腹式呼吸

方法：双腿并拢，站直身体或坐在椅子上，令上半身保持平直，缓慢吸气，感觉到肚皮微微鼓起，缓慢呼气，令肚皮逐渐收紧。动作重复20次。

注意：呼气、吸气都要缓慢而均匀。

★ 坐姿转体

方法：坐在椅子上，双脚稳稳踩在地面上，上半身保持平直，维持身体平衡，腹肌和背部肌肉微微用力，让身体转向左边再转回，然后转向右边再转回。动作重复20次。

注意：左右转体的时候速度尽量快一些，动作期间保持均匀的呼吸。

★ 仰卧交替抬腿

方法：仰卧在瑜伽垫上，背部尽量贴紧地面，双手平放在身体两侧，伸直双腿，用力勾起脚尖；双腿交替、有节奏地抬起落下。动作重复20次。

注意：双腿抬起落下的时候要始终保持平直状态，避免屈膝；动作期间保持均匀的呼吸。

★ 平板支撑

方法：身体俯卧于瑜伽垫上，手肘弯曲支撑于地面，目光平视地面，确保肩膀与肘关节、小臂处于垂直状态；腹部发力，弓起身体，收紧腹肌、盆底肌，令头、肩、背、臀始终处于同一水平线上。动作持续20～30秒。

注意：身体始终保持挺直状态，避免塌肩、塌腰等；动作期间保持均匀的呼吸。

平板支撑

★ 举手深蹲

方法：身体直立，双脚打开与肩同宽；挺直腰背，收紧腹部，然后臀部向后，屈膝下蹲，令大腿与地面平行，下蹲的同时向前、向上高举双臂；缓慢站起，收回双手。动作重复 20 次。

注意：屈膝下蹲时，眼睛平视前方，不可过度抬头或低头，以免身体失去重心；动作期间保持均匀的呼吸。

举手深蹲

练出人鱼线

人鱼线，即腹内外斜肌，指的是位于骨盆上方、腹部下方的两处线条。想要练出人鱼线，可选择以下方法进行锻炼。

★ 提臀上举屈腹

方法：仰面平躺于瑜伽垫上，双手放在身体两侧，掌心紧贴地面；抬起双脚，向上高举，运用腹部力量用力提起臀部，同时保持双腿高举的状态；坚持30秒，回到起始动作。动作重复20次。

注意：抬起双脚，向上高举时，腿部始终保持平直状态，避免屈膝；动作期间保持均匀的呼吸。

提臀上举屈腹

★ 触脚屈腹

方法：仰面平躺于瑜伽垫上；抬起双脚，向上高举；确保上半身与双腿之间呈 90 度角，同时伸出双手尽力去触摸双脚；坚持 30 秒，回到起始动作；动作重复 20 次。

注意：伸手触摸双脚时，暂时无法触摸到脚背、脚尖也没关系，可循序渐进地锻炼；动作期间保持均匀的呼吸。

触脚屈腹

★ 仰卧抱头转体

方法：仰卧于瑜伽垫上，双手抱头，屈上体，快速地转向左边，同时弓左腿，再快速地转向左边，同时弓右腿。动作重复 20 次。

注意：双头抱头左右转体时，腿部动作要配合紧密，有节奏地进行一整套动作；动作期间保持均匀的呼吸。

仰卧抱头转体

告别"拜拜肉"

"拜拜肉"指的是胳膊上的赘肉,想要去除手臂多余的脂肪,塑造优美的手臂线条,就要有针对性地进行运动。以下介绍几种简单高效的锻炼方法,助你赶走"拜拜肉"。

徒手瘦手臂

★ 原地手臂开合

方法:身体直立,双脚打开与肩同宽,曲肘握拳,大臂与小臂呈 90 度角,以肩膀为中心,两臂缓慢地向胸前靠拢,再向两边分开,来回做开合动作。动作重复 20 次。

注意:背脊始终挺直;动作要缓慢,微微用力;动作期间保持均匀的呼吸。

★ 背后扣手

方法：站立或坐于瑜伽垫上，上半身挺直，伸出左臂，从上绕到后颈，同时伸出右臂，从下绕到后背，两手手指相扣，手臂微微用力。动作持续 20 秒，换手进行同样的动作。

注意：背后双手相扣时，眼睛最好平视前方，保证颈部挺直；动作期间保持均匀的呼吸。

背后扣手

★ 背后双手合十

方法：站立或坐于瑜伽垫上，上半身挺直，左右手同时绕向背后，两手掌心紧贴，在背后做合十动作。动作持续 20 秒。

注意：肩膀始终保持平直状态，避免一肩高，一肩低；动作期间保持均匀的呼吸。

背后双手合十

★ 双手抱头

方法：站立或坐于瑜伽垫上，上半身挺直，向上抬起左臂，屈肘放于脑后，向上抬起右臂，屈肘放于脑后，绷紧背部，呼吸均匀，手臂微微用力，动作持续 20 秒，回到起始位置。动作重复 20 次。

注意：肩膀始终保持平直状态，避免一肩高，一肩低；眼睛平视前方，保持颈部挺直；动作期间保持均匀的呼吸。

★ 拉伸手臂

方法：站立或坐于瑜伽垫上，上半身挺直，双臂笔直向上，高高举起，双手交叉反扣，微微用力，分别向上、左、右拉伸。坚持 30 秒，回到起始动作。动作重复 20 次。

注意：背脊、颈部始终保持挺直状态，动作期间保持均匀的呼吸。

双手抱头

拉伸手臂

借助器械瘦手臂

★ 借助哑铃瘦手臂

单手举哑铃

方法：站立或坐于椅子上，左手握哑铃，屈肘，做上下摆臂动作。动作重复 20 次，换右手握哑铃做同样动作。

注意：背脊始终保持挺直状态，动作期间保持均匀的呼吸。

哑铃前平举

方法：两腿并拢站立，背部挺直，双臂自然垂在身体两侧，两手各握一哑铃，双臂以肩关节为轴，缓慢地向前、向上做平举动作。动作重复 20 次。

注意：身体始终保持挺直状态，眼睛平视前方；动作期间保持均匀的呼吸。

哑铃前平举

★ 弹力圈瘦手臂

弹力圈过顶拉伸

方法：身体直立，双脚打开比肩略宽，双手握住弹力圈两端，同时双臂伸直举过头顶，将弹力圈用力向两边拉伸至极限，感受到手臂肌肉绷紧，再回到起始位置，重复做开合动作。动作重复20次。

注意：身体始终保持挺直状态，眼睛平视前方；动作期间保持均匀的呼吸。

弹力圈过顶拉伸

弹力圈背部拉伸

方法：两腿并拢站立，背部挺直，双手从背后握住弹力带两端，并向两边拉伸至极限，感受到手臂肌肉绷紧，再回到起始位置，重复做开合动作。动作重复 20 次。

注意：身体始终保持挺直状态，眼睛平视前方；动作期间保持均匀的呼吸。

减掉"啤酒肚"

很多中年人由于久坐不动,加上饮食不节制,容易造成腹部脂肪囤积,久而久之便形成了"啤酒肚"。以下几种方法助你减掉"啤酒肚",早日收获平坦腹部。

揉肚子

方法:仰卧于瑜伽垫或床上,将双手掌心搓热覆盖腹部,然后分别顺时针、逆时针揉搓腹部。也可以在掌心涂上凡士林或乳霜再揉搓腹部。每天坚持 10~30 分钟。

注意:揉搓腹部时,力度适中,不要过重或过轻;动作要有节奏,不要一会儿快一会儿慢。

饭后靠墙站

方法：饭后半小时，靠墙站立，身体挺直，目视前方，头部、背部、臀部、腿部紧贴墙壁；保持腹式呼吸，吸气时，用力鼓起肚皮，呼气时，慢慢收紧腹部。坚持10~30分钟。

注意：每天坚持，保持呼吸缓慢、均匀。

空中骑自行车

方法：仰面平躺于瑜伽垫上，双臂平放于身体两侧，掌心紧贴地面；抬起双腿，约与地面呈30度角，双腿模仿平地骑自行车的姿势，交替屈伸。动作重复20次。

注意：空中蹬车时，腹部要收紧，背部始终紧贴地面。

空中骑自行车

下斜俯卧撑

方法：双脚放在高处（椅、凳或箱子等），双手撑于地面（或柔软的垫子上），收紧腰腹，令后脑、背部、臀部、腿部成一条直线；缓慢屈肘，同时躯干下压，在胸部靠近地面时推起，身体紧绷上抬。动作重复 20 次。

注意：不要挺肚塌腰，用腰腹的力量控制躯干，令身体形成直线。

下斜俯卧撑

塑造紧实腿部

腿部是我们身体最大的肌群,紧实、匀称的双腿充满了力量感和美感,让我们魅力倍增。只要掌握锻炼腿部肌肉的方法,就可以拥有健康、美丽的双腿。

弓步蹲

方法:身体直立,双脚打开与肩同宽,左腿向前迈出一大步,弯曲膝关节,下蹲至大腿与地面平行,同时右腿膝部下沉,尽量贴近地面,动作持续20秒,回到起始位置;换右腿向前迈步,做相同动作。动作重复20次。

注意:上半身始终保持挺直状态;可在做腿部动作的同时向上高举双臂,同时达到瘦手臂的效果;动作过程中保持均匀的呼吸。

弓步蹲

侧弓步

方法：身体直立，双脚打开与肩同宽，右腿向身体右侧迈出一大步，左腿屈膝，身体缓慢下压，身体重心放在左腿，臀部尽量向后，右腿伸直，动作持续 20 秒，回到起始位置。换左腿迈步，做相同动作。动作重复 20 次。

注意：保持脊椎挺直；可在做腿部动作的同时前平举双臂，以达到瘦手臂的效果；动作过程中保持均匀的呼吸。

侧弓步

跪姿屈膝抬腿

方法：双手撑地，双膝着地，跪撑在瑜伽垫上，抬起右腿，用力向后方伸直，脚尖向后，然后向后弯曲膝关节，使小腿与大腿大约呈 90 度，并继续缓慢地向上抬腿，尽力保持脚尖朝上，动作持续 20 秒，回到起始位置；换右腿进行同样动作。动作重复 20 次。

注意：腿向后伸直时要绷紧，感受到腿部肌肉的拉伸；所有腿部动作缓慢而有力，同时保持均匀的呼吸。

跪姿屈膝抬腿

分腿站立前屈双手摸脚

方法：站立，挺直脊背，分开双腿至一个半肩宽，脚尖向前，身体缓慢向前、向下伸展，双臂伸直，逐渐靠近地面；双手移向左边，触摸左脚尖，坚持 20 秒；双手移向右边，触摸右脚尖，坚持 20 秒。动作重复 20 次。

注意：身体向前、向下伸展时，缓慢而用力，感受到腿后肌肉绷紧；双手移向左边时，缓慢而用力，感受到右大腿内侧肌肉绷紧；双手移向右边时，缓慢而用力，感受到左大腿肌肉绷紧；动作期间保持均匀的呼吸。

分腿站立前屈双手摸脚

缓解久坐疲劳与疼痛

久坐不动,长时间对着电脑、手机或者书本,会感到眼睛疲劳、腰酸背痛。对此,不妨参考、借鉴以下锻炼方法,去缓解工作带来的久坐疲劳与疼痛。

缓解眼部疲劳

★ 快速眨眼

方法:连续眨眼 20 下,然后闭上双眼,在心中默数 30 秒钟后再睁眼。

注意:眨眼的频率不要过快,微微用力。

★ 眼球四方转

方法:眼球分别向上、下、左、右转动,停顿 1~2 秒,然后闭上双眼，在心中默数 30 秒后再睁眼。

注意：眼球转动的速度不要过快，头部始终保持端正。

缓解颈、肩等部位的疲劳与疼痛

★ 交叉抱颈

方法：双手五指交叉，放在颈后，缓慢向后仰头，坚持 1 分钟，回到起始动作。动作重复 10 次。

注意：双手扶住颈部将头部向后仰时，动作要尽可能缓慢；动作期间保持均匀的呼吸。

★ 辅助歪头拉伸

方法：伸出左手，放在头顶右侧，左手掌微微用力，将头向左侧按压，坚持 20 秒，回到起始位置；换右手进行相同动作。动作重复 20 次。

注意：手掌按压头部时，动作要缓慢，用的力气不宜过大，以脖子右侧能感受到明显的拉伸为宜；动作期间保持均匀呼吸。

★ 双臂前拉伸

方法：双手交叉，十指紧扣，手掌翻转，向前平举，坚持 20 秒，回到起始动作。动作重复 20 次。

注意：两臂向前平举时，微微用力，使肩部肌肉产生拉伸感；动作期间保持均匀的呼吸。

缓解腰、背、臀、腿等部位的疲劳与疼痛

★ 来回转腰

方法：身体直立，双脚打开与肩同宽，双手叉腰，左右来回转动腰部。动作持续 3 分钟。

注意：转动腰部的时候保持脊背挺直的状态，微微用力，感受到腰部肌肉的拉伸；动作期间保持均匀的呼吸。

★ 盘腿坐背部拉伸

方法：盘腿坐于瑜伽垫上，上半身挺直，向前伸直手臂，运用腰部、背部的力量慢慢趴下，两掌贴地。动作持续 3 分钟。

注意：趴下的过程中要能感受到腰、背部的牵拉感，上半身要尽可能靠近地面，动作期间保持均匀的呼吸。

盘腿坐背部拉伸

★ 下犬式拉伸

方法：身体直立，双脚打开与肩同宽，上半身前倾向下，双手撑地，高高拱起臀部，令身体呈俯撑姿势于瑜伽垫上。动作持续30秒。

注意：身体呈俯撑姿势于瑜伽垫上时，两腿应尽量保持平直延展的状态，避免弯曲；身体重心放于两脚脚掌处，能感受到背部肌肉的拉伸；动作期间保持均匀的呼吸。

下犬式拉伸

★ 上犬式拉伸

方法：俯卧于瑜伽垫上，双手撑地，五指张开，双脚打开与肩同宽，脚背向下，伸直双臂，运用双臂的力量慢慢抬起上半身，使上半身向上延展，同时抬头，面部向上。动作持续30秒。

注意：胸腔要呈打开状态，避免圆肩、耸肩；动作期间保持均匀的呼吸。

上犬式拉伸

★ 仰卧臀部拉伸

方法：仰卧在瑜伽垫上，双手放于身体两侧，抬起右腿，缓慢屈膝，使小腿后侧肌肉与大腿后侧肌肉接触，微微抬起上半身，同时伸出双手抱住右腿膝盖，缓缓拉向胸部，感受到右腿臀部肌肉的牵拉感。动作持续20秒，回到起始位置，换左腿做相同动作。动作重复20次。

注意：抱住膝盖，将膝盖拉向胸部的过程中，动作缓慢、施力适中，同时另一腿始终保持平直状态；动作期间保持均匀的呼吸。

★ 侧躺后扳腿拉伸

方法：向右侧躺于瑜伽垫上，左腿屈膝，小腿向后弯曲，同时伸出左手，握住左小腿脚踝，将左小腿尽量压向大腿，脚尖伸直，尽力靠近背部。动作持续 20 秒，回到起始位置，换右腿进行相同动作。动作重复 20 次。

注意：用手辅助将小腿压向大腿的过程中，动作缓慢、施力适中；动作期间保持均匀的呼吸。

改善睡眠质量

晚上睡眠不佳往往会影响白天的工作、学习和生活，要想改善睡眠质量，除了要健康饮食、规律作息，还要适当锻炼。

掌握最佳运动时间

中青年可以根据自己的实际情况选择运动时间，但一般不宜过晚，最好在晚上9点前，如果睡前才开始运动，会令大脑过于兴奋，反而会影响睡眠质量。

> 自由工作者可以在9：00~10：00或15：00~16：00进行运动。

自由工作者、上班族和学生改善睡眠的最佳运动时间

> 上班族、学生可以在下午下班后或放学后进行运动。

自由工作者、上班族和学生改善睡眠的最佳运动时间（续）

需要注意的是，运动后要进行拉伸，并多休息一段时间，保证上床睡觉时呼吸节奏平缓、心跳正常。

选择合适的运动方式

很多有氧运动都能帮助提升睡眠质量，中青年可根据自己的实际情况去选择不同的运动方式。

- 散步。比较温和，帮助舒缓压力，放松身心。
- 瑜伽。练习瑜伽能放松肌肉，提高身体内部系统平衡。
- 跳绳。白天适当跳绳能消耗多余体力，促进睡眠。
- 骑车。规律的骑行运动能锻炼心肺功能，提高身体免疫力。
- 游泳。游泳能促进血液循环，提高身体机能。
- 打羽毛球。运动强度较高，帮助提高体温，使得入睡更容易。
- 做健身操。轻柔的健身操能缓解身体疲劳，舒缓情绪。
- 打太极拳。坚持练太极拳能够强身健体，修心养性。
- 爬山。闲暇时爬爬山能疏松筋骨、加快气血流通，同时能放松、愉悦心情，从而很好地改善睡眠质量。

持之以恒，适度适量

想要通过运动改善睡眠质量，就要持之以恒、定时定量，而不能三天打鱼两天晒网。

同时，运动的强度应根据个人的实际情况而定，建议每周运动3~5次，每次15~40分钟即可。如果运动频率过高、强度过大，反而可能导致身体过度疲劳。

女性月经期、孕产期锻炼

女性月经期、孕产期也可以适当地进行体育锻炼,只要选对锻炼方式,不仅不会危害身体健康,还会带来很多好处。

需要注意的是,孕期锻炼需要咨询医生的建议,了解哪些运动方式最适合自己,最好在医生指导下进行。

女性月经期锻炼

女性经期科学地进行体育锻炼可以加强子宫内的血液循环,缓解经期肚子疼的问题。下面介绍几个舒缓的、适合经期训练的动作。

★ 双手合十盘腿坐

方法:盘腿坐在瑜伽垫上,收紧腹部,上身保持挺直,双手合十,掌心相对。动作持续1分钟。

注意：动作期间保持缓慢、均匀、深长的呼吸。

双手合十盘腿坐

★ 坐立前屈

方法：坐于瑜伽垫上，上半身挺直，双腿并拢，向前伸直，双手自然地放在大腿上，令上半身轻轻地向前屈。动作持续 30 秒。

注意：腹部要微微收紧；上半身向前屈时，动作幅度不可太大，以免加剧经期疼痛；动作期间保持均匀的呼吸。

★ 半鸽子式变体

方法：坐于瑜伽垫上，上半身挺直，右脚向前，弯曲右腿膝部，令膝盖向外、小腿和部分大腿贴地；左腿向后伸直，脚背贴地。动作持续 30 秒，换左脚向前做相同动作。

注意：动作轻缓；脊背挺直，肩膀平正、与臀部保持平齐；动作期间保持均匀的呼吸。

半鸽子式变体

★ 单腿屈膝坐姿前屈

方法：坐于瑜伽垫上，上半身挺直，收紧腹部，右腿屈膝，令右脚掌贴近左大腿内侧，左腿伸直，双臂前伸，双掌撑地，令上半身轻轻地向前屈。坚持 30 秒，换左腿屈膝做相同动作。

注意：上半身向前屈时，动作幅度不可太大，以免加剧经期疼痛；动作期间保持均匀的呼吸。

单腿屈膝坐姿前屈

女性孕产期锻炼

★ 扶椅伸腿画圈

方法：站在椅子前，双手扶住椅背，伸出左腿，用脚尖在原地顺时针画圈。坚持 30 秒，换右腿做同样动作。动作重复 5 次。

注意：伸腿画圈的时候，动作幅度不宜过大，手牢牢扶住椅背，给予身体以支撑；动作期间保持均匀的呼吸。

★ 跪姿后仰

方法：跪坐于瑜伽垫上，上身挺直，脚背贴地，肩膀放松，双手自然垂放于身体两侧，双手向后，撑住地面，身体慢慢向后仰，持续 10 秒。动作重复 3 次。

注意：动作轻柔、缓慢，如有不适立即停止；动作期间保持均匀的呼吸。

跪姿后仰

★ 臀桥

方法：仰卧于瑜伽垫上，双臂平放于身体两侧，掌心贴地，双腿屈膝，腿间距略大于肩宽，臀部向上发力，令背部向上抬起，坚持 5 秒，恢复到起始动作。动作重复 3 次。

注意：动作轻柔、缓慢，如有不适立即停止；动作期间保持均匀的呼吸。

臀桥

★ 坐瑜伽球

方法：两腿分开，坐在瑜伽球上，上身尽量保持挺直状态，双手扶住肚子，大腿发力，让身体上下、左右晃动。动作持续 1 分钟。

注意：身体晃动的频率要轻微；双脚贴紧地面，大腿、臀部用力，避免摔倒，如有不适立即停止；动作期间保持均匀的呼吸。

坐瑜伽球

★ 瑜伽球骨盆摆动

方法：跪在瑜伽垫上，将身体前倾，使得上半身自然地趴伏在瑜伽球上，同时双手抱住球的上半部，然后骨盆用力，画圈摆动，动作持续 20 秒，回到起始位置。动作重复 5 次。

注意：动作轻柔、缓慢，如有不适立即停止；动作期间保持均匀的呼吸。

小贴士

女性产后可以尝试着做运动去帮助恢复体型，舒缓心情。具体选择哪种运动可根据个人身体情况决定。

★ 散步。

★ 产后瑜伽。

★ 产后体操。

★ 凯格尔运动。

★ 快走。

需要注意的是，女性产后应从轻柔的运动开始练起，循序渐进。

| 第六章 |

老年人：提高生活质量

随着年龄的增长,老年人的体能逐渐下降,而适度的家庭锻炼能够提升老年人的身体机能,改善身体健康,对部分疾病的预防和治疗有促进作用。老年人坚持家庭锻炼,能够保持健康心态,提高生活质量。

多做伸展，益寿延年

伸展运动种类多样，其能够使身体的不同部位得到锻炼，是家庭锻炼中的常见项目，非常适合老年人。

老年人做伸展运动益处多多

随着年龄的增长，老年人的器官和身体系统逐渐老化，而每天做适当的伸展运动能够强身健体。

- 在运动前做伸展运动，可以舒展身体，减轻运动伤害。运动后做伸展运动，可以缓解肌肉疲劳。
- 可以有规律地拉伸韧带，提升身体的柔韧度。
- 能够改善血液循环，缓解肌肉酸痛，减少因运动造成的肩颈、背部疼痛。

老年人做伸展运动的方法

伸展运动种类多样,下面是一些更适合老年人体质且简单易操作的伸展运动。

★ 腰部伸展运动

保持站立姿势,双脚打开与肩同宽,左手弯曲向上,伸过头顶,向右延伸,腰部向右弯曲,另一只手放在腰部,支撑腰部弯曲。动作保持 10 秒左右。之后,恢复开始姿势,反方向重复动作。

腰部伸展运动

★ 手臂伸展运动

保持站立姿势,双脚打开与肩同宽,张开两臂,与肩同高,手心向上,手指自然张开,将双臂自然向后伸展,让手臂肌肉呈紧绷状态。坚持15秒左右。

★ 背部伸展运动

保持站立姿势,双脚打开与肩同宽,双臂向上伸展,直至伸直,手掌向内弯曲,手指相叠,动作坚持15秒左右,感觉背部肌肉向上伸展。

背部伸展运动

增强关节灵活性

老年人容易出现关节酸痛、关节肿胀、关节僵硬等现象,在日常生活中适当地进行关节锻炼,可以增强关节灵活度,预防关节类疾病,强身健体。不过关节锻炼要以简单轻松为主,如果动作强度过大,可能造成关节损伤。

活动腕关节

将左手手臂伸直,手指向上伸展,手掌与手臂之间呈 90 度夹角。

右手握住左手手指,向内侧扳左手手指,使手指弯曲,持续 3 秒左右;将手掌朝下伸展,右手握住左手手指,手指向内侧弯曲,持续 3 秒左右。之后,换左手握右手,重复动作。

弓步屈膝

保持站立姿势,双脚分开与肩同宽,右腿向前跨一步,屈膝,大腿与小腿之间尽量呈 90 度左右的夹角,左腿挺直,支撑身体;上半身自然挺直,双手打开保持平衡。坚持 10 秒左右。将右腿收回,恢复站立姿势。换左腿做弓步动作。

注意控制时长,当膝关节和腿部肌肉感到酸痛时,应当停止动作。同时运动频率不应过高,以免导致膝关节过度劳损。

做弓步屈膝的老年人

脚踝锻炼

保持站立姿势,双脚打开与肩同宽,左脚保持站立姿势,右脚脚尖点地,先顺时针旋转右脚脚踝,再逆时针旋转,让脚踝关节得到充分锻炼。之后,恢复开始姿势,反方向重复动作。

高抬腿

保持站立姿势，双脚打开与肩同宽，保证身体平稳，慢慢抬高左腿，使左腿大腿与地面保持平行，大腿与小腿之间的夹角呈90度，右腿绷直。保持单腿站立30秒左右。之后，恢复开始姿势，反方向重复动作。

颈椎锻炼

方法1：

坐好，上半身挺直，双眼平视前方，缓慢抬头，拉伸颈部肌肉，坚持5秒左右；慢慢低头，尽量使下颌骨靠近胸部，坚持5秒左右，慢慢回正；之后做转头动作，将头慢慢转向左侧，直到颈部肌肉紧绷，坚持5秒左右，再将头转向右侧，坚持5秒左右。

方法2：

保持站立姿势，双脚打开与肩同宽，将左手放在头顶，轻轻扳着头，让脖子向左弯曲，感受颈部肌肉的拉伸。坚持30秒左右。之后，恢复开始姿势，反方向重复动作。

肩关节锻炼

坐好，上半身挺直，双眼平视前方，腰部不动，向后转动右肩3～5次，之后再向后转动左肩3～5次，让肩关节得到充分活动。

社区器材健身

社区的健身器材使用方便，对老年人而言，是很好的健身器具。社区健身器材种类多样，在社区使用健身器材可以锻炼多个身体部位，满足老年人的健身需求。

社区器材健身运动

★ 漫步机锻炼

作用：锻炼腰部、下肢肌肉力量，增强双腿的协调性。
方法：双脚踩在脚蹬上，做走路的动作。
注意：双腿的摆动幅度不宜过大，否则会造成大腿肌肉拉伤。

★ 平步机锻炼

作用：锻炼腿部肌肉。

漫步机

方法：手脚配合，双手握住扶手，双脚踩在踏板上，前后交替摆动，做走路的动作。

平步机

注意：摆动的幅度不宜过大，摆动速度也不宜过快，以免造成肌肉拉伤或其他损伤。

★ 健骑机锻炼

作用：锻炼双腿和腰背力量，活动全身关节。

方法：坐在座椅上，双脚放在脚蹬上，双手扶着扶手，挺胸抬头，双手向后拉动扶手，使双腿伸展，之后慢慢放松，使座椅回到原位。

注意：患有腰椎疾病的老年人要谨慎使用，在使用过程中要防止踏空，以免造成肌肉拉伤。

健骑机

★ 太极轮锻炼

作用：活动肩关节，锻炼身体的协调性。

方法：双手握紧轮盘，使两个轮盘朝着相同或相反的方向转动。

注意：在运动过程中，注意控制速度，应匀速推动太极轮转动。

太极轮

★ 扭腰器锻炼

作用：锻炼腰部肌肉，增强腰部力量。

方法：站在转盘上，双手扶着两侧的扶手，转动脚下的转盘，扭动腰部。

注意：控制转动幅度，转动幅度过大可能会对腰部肌肉造成损伤。

扭腰器

★ 上肢牵引器锻炼

作用：锻炼上半身肌肉，增强手臂肌肉的力量，活动肩关节，增强肩部的柔韧性。

方法：站在牵引器下方，伸出双手，分别握住垂下来的圆环。左右手的力量互为对抗，可以让圆环上下交替拉动。

注意：两只手臂相配合，不能一只手突然用力或放手，否则另一只手可能会因此而磕碰受伤或拉伤。

上肢牵引器

★ 坐蹬器锻炼

作用：锻炼腿部肌肉。

方法：坐在座椅上，抬起双腿，脚蹬在前面的脚蹬上，慢慢伸直双腿，上半身保持直立，之后慢慢将腿放下。

注意：座椅升起的幅度不要过高，防止双腿无力而突然下滑，导致腿部受伤。

第六章 老年人：提高生活质量 | 189

坐蹬器

社区器材健身注意事项

- 在使用健身器材之前，先了解自己的健康状况，特别是有基础疾病的老年人，最好先问过医生的意见，选择适合自己的健身器材，尽量避免使用一些容易发生运动损伤的健身器材。
- 对老年人来说，健身器材的使用带有一定危险性，因此尽量避免独自运动，最好有人看护。
- 在正式活动之前，要先做好热身运动，活动一下手脚，调整身体状态，以便更好地投入健身活动中，减少运动损伤。
- 选择健身器材时，最好先从简单的开始，之后逐渐加大强度，给身体一个适应的过程。
- 控制好运动速度，尽量保持匀速、缓慢的运动。突然下倾、弯腰等动作，容易导致老年人血压骤然上升，发生危险。
- 控制好运动时间，避免超负荷运动造成不必要的损伤。

跳广场舞

广场舞是居民自发组织的集体舞蹈活动,因活动场地常常选在广场、公园等开阔场地而得名。广场舞属于有氧运动的一种,节奏轻快,动作简单,很受老年群体的欢迎。

老年人跳广场舞的好处

广场舞是全身性的运动,而且运动强度大,能够消耗身体的能量与脂肪。对一些偏胖的老年人而言,跳广场舞能够达到减脂塑形的效果。

在跳广场舞时,需要头、肩、颈、手、脚等多个部位的配合,所以,跳广场舞能够帮助老年人提升身体的协调性,增强身体的灵活度,还能够锻炼大脑的反应能力,延缓衰老,让老年人更有活力。

长期跳广场舞能够提高老年人的身体素质，增强免疫力，强健体魄。

广场舞是群体性活动，参与者众多，老年人可以通过跳广场舞扩大交际圈，丰富晚年生活，愉悦身心。

老年人跳广场舞的注意事项

- 饭后一小时内不宜跳广场舞。饭后，大量血液集中在胃部，这时剧烈运动容易导致肠炎、肠扭转等肠胃疾病。为了避免疾病的发生，跳广场舞的活动应当安排在饭后1小时后。
- 尽量选择一些简单易学的广场舞，节奏过快或是运动量太大的广场舞容易诱发心脑血管疾病，不适合老年人。
- 选择平坦、空旷地带跳广场舞，尽量避开行人与车辆，地上也不要有杂物，以免被他人冲撞或摔倒。
- 选择一双舒适的鞋子。如果鞋子不合脚，在跳舞时就可能会扭伤脚腕。最好选择有弹性的运动鞋，还可以起到防滑的作用，鞋底过硬的皮鞋则不适合跳广场舞时穿。
- 控制好音响的音量，避免对周围人造成困扰，干扰他人工作或学习。最好选择在广场或公园等公共场所跳广场舞，避免影响他人正常生活。
- 老年人在跳广场舞之前要确认自己的身体状况，特别是有高血压、低血糖等基础疾病的老年人。在跳舞时，也要特别注意自己的状态，如果出现身体不适，要及时停止。

伤后康复锻炼

老年人受伤后通常需要长时间卧床休养,但长时间卧床容易造成肌肉松弛、萎缩,形成静脉血栓,还可能使心肺功能下降。所以,老年人在伤后康复阶段,可以根据医生的意见,结合自身的实际情况,循序渐进地进行锻炼,让身体恢复到正常状态。

尚处在康复期的老年人无法做大幅度运动,可以做一些简单的康复锻炼活动。

翻身锻炼

目的:锻炼四肢肌肉,防止因卧床而造成的肌肉僵化,为之后的康复做准备。

方法:利用双手和身体的惯性翻身。

坐起锻炼

目的：减少腰部损伤，防止腰椎间盘突出，锻炼腰腹力量。

方法：为了避免突然坐起造成的血压变化，老年人可以尝试先侧身坐起，之后再正面坐直。

站立抬腿锻炼

目的：锻炼双腿肌肉和力量。

方法：扶着人或者其他稳固的器具，双脚分开，与肩同宽，保持站立姿势。之后尝试轻轻抬起左腿，保持 30 秒左右，再轻轻放下。抬起右腿，重复动作。

抛物锻炼

目的：锻炼手臂肌肉，恢复上肢力量。

方法：保持站立姿势，或者保持坐姿，拿一个小球，将其轻轻抛远，之后请他人将小球捡回来，再将小球抛远。

走路锻炼

目的：增强腿部肌肉力量。

方法：在训练开始时，可以使用拐杖、助行架等工具，在家人的陪护下进行行走练习,防止摔倒。

散步锻炼

目的:锻炼肺活量,改善心肺功能,还能促进肠道消化,增加食欲。

方法:伤在腿上的老年人也可以借助拐杖来散步,以保持身体平衡,避免因重心不稳在散步途中摔倒。

注意:控制散步时间,最好在 30 分钟之内。

慢跑锻炼

目的:锻炼心肺功能,促进新陈代谢。

方法:保持匀速,跑步节奏尽量缓慢一些,调整呼吸,双臂自然摆动。

注意:慢跑要在膝关节和心血管健康、伤后恢复良好的状态下开展。刚恢复的老人慢跑时间不宜过长,最好控制在 10~15 分钟,之后可以随着身体的恢复逐渐增加时长。

打太极拳

目的:锻炼身体肌肉力量。

方法:参考 24 式简化太极拳内容,通过双腿、双手的配合摆出不同的动作。

打太极拳的老年人

小贴士

老年人身体脆弱，容易受伤，在慢跑时有很多需要注意的事项。

★ 慢跑前询问医生意见。对伤后的老年人而言，恢复期的锻炼方式需要得到医生的同意，确保安全性。

★ 跑前热身，活动膝关节、踝关节，防止跑步时受伤。

★ 慢跑时保持匀速。慢跑速度要适中，运动强度要小，不要追求速度，匀速坚持跑完即可。

预防阿尔兹海默症

阿尔兹海默症俗称老年痴呆症,是中枢神经系统变性病,多发病于老年人,主要表现为记忆力下降、出现认知障碍等,患病严重的老年人,还会出现手脚不协调、记忆混乱等情况。

想要预防阿尔兹海默症需要从多方面入手,运动是其中的一方面。老年人坚持运动,学习能力和记忆力会得到提升,能够改善大脑的认知功能,预防阿尔兹海默症。

进行有氧运动

坚持进行跑步、游泳、打羽毛球等有氧运动,能够改善心肺机能,促进血压循环,增加大脑供血,提高大脑的代谢功能,有效预防阿尔兹海默症。

坚持做手指操

手指中有很多神经连接着大脑，手部的动作能够刺激脑部神经，手部动作越精巧，越有助于大脑的发展。因此，老年人常做健脑手指操能够有效活跃大脑，预防阿尔兹海默症。

★ 抓手指运动

保持站立姿势，双脚打开与肩同宽，抬起双臂，向前伸直，双臂与肩同高，手掌打开，手指向上伸展；收回手臂，手握成拳，大臂自然下垂，小臂抬起，与地面平行，与大臂呈90度角。之后，重复动作5~6次。

★ 出手指运动

方法1：

保持站立姿势，双脚打开与肩同宽，胳膊大臂自然下垂，向上弯曲小臂，使手掌与肩膀同高；双手握成拳，双臂向前伸直，同时伸出食指，收回手臂，手指握成拳；再次伸出手臂，同时伸出中指，收回手臂，手指握成拳。就这样依次伸出食指、中指、无名指、小拇指和大拇指。

方法2：

保持站立姿势，双脚打开与肩同宽，胳膊大臂自然下垂，向上弯曲小臂，使手掌与肩膀同高，手指自然伸展，之后，双手握成拳，将双臂在胸前交叉，呈"X"状；伸出食指，之后将双臂收回，手握成拳，再次将双臂交叉，伸出中指，之后将双臂收回，手握成拳；依次伸出五根手指，结束动作后，将双手自然下垂，放于身侧。

★ 手掌侧击运动

保持站立姿势，双脚打开与肩同宽，抬起双手手臂，使小臂与大臂呈90度，掌心向上，两手小拇指相对，使两手小拇指相击，之后分开。重复动作5~6次。

★ 虎口平击运动

保持站立姿势，双脚打开与肩同宽，弯曲手肘，使手掌与肩平行。双手握成拳，虎口相对，两手相击，使两手拇指相挨，之后分开，双手回到初始姿势。重复动作5~6次。

★ 虎口交叉运动

保持站立姿势，双脚打开与肩同宽，大臂自然下垂，抬起小臂，使小臂与大臂呈90度角；掌心向下，张开大拇指，使大拇指与食指呈90度，将两手虎口交叉，使双手手指呈相叠状态。重复动作5~6次。

★ 拳掌互击运动

保持站立姿势，双脚打开与肩同宽，抬起手臂，左手握拳，右手手指伸直，使拳掌相击，做抱拳姿势；之后右手握拳，左手手指伸直，做抱拳姿势。完成一组后，将一组动作重复5~6次。

★ 手背互击运动

保持站立姿势,双脚打开与肩同宽,手臂向前伸直,左手手背向下,右手手背向上,两手手背互击。重复动作 5~6 次。

做好健康监测

老年人的健康监测是老年人健康管理中的重要内容。通过健康监测,能够了解身体的基本状况,筛查疾病,防患于未然。

医院检测

医院的定期体检能够帮助老年人了解自己的身体状况,及时发现潜藏在身体里的疾病,并及时进行治疗。老年人要根据自己的身体状况和医生的建议来决定去医院做检测的频率,如果老年人身体健康,状态良好,那么可以半年或者一年去医院体检一次,但如果老年人身体状态堪忧,甚至患有重大疾病,就应当听从医生的建议,并根据医生的建议定期到医院做身体检测。

老年人往往患有高血压、糖尿病等基础疾病,因此,在进行身体检查时,应当有侧重点地进行检查,根据老年人的病情做出判断。

老年人在检查身体时,要重点查血脂、血糖、血红蛋白、肝功能、肾功能、心电图等项目，再结合老年人的身体状况，进行重点筛查。比如，经常喝酒的老年人要查一下肝脏，过度肥胖的老年人要查一下血脂等。

注意饮食。体检前两天要注意饮食清淡，尽量少吃油腻食物。体检前吃得油腻容易影响到血糖、血脂等项目的检查结果，导致出现异常情况。

对于有高血压、糖尿病等慢性疾病的老年人，在体检前，要询问医生的意见，询问是否需要提前停药，避免影响体检结果。

空腹体检。老年人体力较差，早上空腹体检容易出现低血糖的情况，因此，最好尽早开始体检，这样就可以在完成空腹项目之后进食了。

老年人去医院体检的注意事项

居家监测

老年人往往患有一些基础疾病，家中常备一些简单的医用健康监测仪器，可以用来实时监测老年人的身体健康状况，了解老年人的病情。

体温计、血压计、血糖仪、血氧仪等是老年人常用的医用监测仪器，家人还可以根据老年人的健康状况，准备一些特殊的医用监测仪器，如便携式心电监护仪器，可以用于实时监测心脏情况。

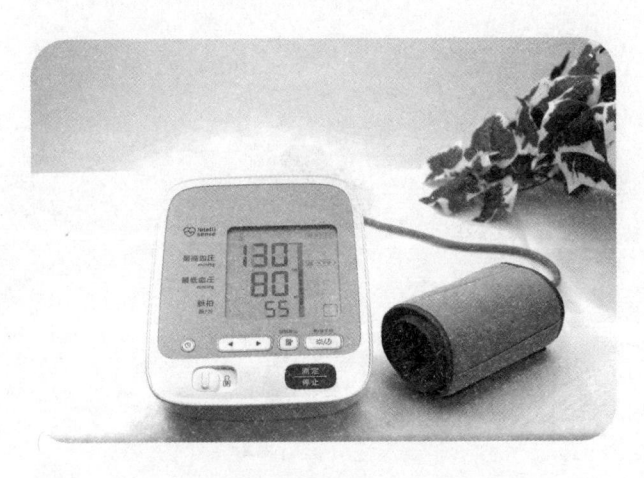

家用血压计

老年人锻炼禁忌

常常锻炼身体能够提高身体抵抗力,但是如果方法错误,反而不利于身体健康,甚至造成不必要的身体损伤。下面介绍老年人锻炼时的禁忌,希望能够帮助老年人避开运动伤害。

忌长时间锻炼

一些难度较大、需要剧烈运动的活动,需要连续使用身体关节,时间久了,容易造成关节磨损,反而会损害身体健康。所以,老年人锻炼要控制好时间,不能长时间运动。

特别是刚开始锻炼的老年人,要循序渐进地增加运动量,不能急于求成。刚开始时,每天运动30分钟左右即可,过量运动容易造成肌肉拉伤。在身体承受能力提高后,可以逐渐增加运动量。

忌单独锻炼

老年人在锻炼时容易出现意外，特别是患有高血压、低血糖等疾病的老年人，容易在运动时出现眩晕症状，甚至引发心脑血管疾病。

如果老年人一个人锻炼，一旦发生意外，很难及时得到医治。所以，老年人最好结伴锻炼，或者在有人看护的情况下进行锻炼。

忌剧烈运动

老年人体力下降，长跑、打篮球等剧烈运动，会使老年人在短时间内心率过快，容易出现缺氧、气喘等情况，可能会诱发心脑血管疾病。

举重、引体向上等需要在运动过程中憋气的锻炼方式也不适合老年人，这类锻炼方式容易引起脑供血不足，产生眩晕感，甚至引起昏厥。

忌过早晨练

很多老年人一般都起得很早，因此会在早上进行锻炼。但如果太早锻炼，空气中含有大量的二氧化碳，不利于身体健康。因此，老年人最好在早上7点之后晨练，此时空气清新，适合锻炼。

忌饭后马上锻炼

饭后马上锻炼容易造成消化不良,出现胃下垂的情况。因此,老年人最好选择在饭前或者饭后 1 小时以后开始锻炼。如果在饭前进行锻炼,要注意控制运动量,防止低血糖。

| 第七章 |

全家总动员：趣味家庭锻炼

趣味家庭锻是炼通过有趣又有挑战性的游戏，充分调动家庭成员锻炼的积极性，让家庭成员在游戏中锻炼身体，在收获快乐的同时收获健康。

跑的游戏

老鹰捉小鸡、三人两足、喊数抱团……不仅能让家庭成员一起动起来加强锻炼,还能增进家庭成员之间的感情。

老鹰捉小鸡

★ 游戏准备

一块适合跑动的宽阔场地。

★ 游戏方法

(1)分配角色:一人充当老鹰,一人充当鸡妈妈,剩下的人充当小鸡。

(2)老鹰与鸡妈妈面对面站立,所有的小鸡站在鸡妈妈身后。位于队首的鸡妈妈张开双臂,以阻拦老鹰,从而保护小鸡们。每只小鸡都用双手抓住前面成员的衣服。

（3）游戏开始后，老鹰要避开鸡妈妈，通过快速跑动去捉小鸡；鸡妈妈用双臂通过拽、推等方式挡住老鹰，保护小鸡；小鸡通过跑动避免被老鹰捉住。

（4）老鹰捉住小鸡后，老鹰获胜，游戏结束。如果老鹰无法捉住小鸡，则鸡妈妈和小鸡获胜。

祖孙四人玩老鹰捉小鸡游戏

★ 注意事项

- 游戏至少需要三名家庭成员参与。
- 老鹰获胜的条件可以灵活变动，例如可以规定只要老鹰捉住一只小鸡即可获胜，也可根据实际情况调整为两只或三只等。

- 老人或者年龄小的家庭成员参与游戏时,要适当降低跑动的速度,以免在跑动的过程中意外摔伤。

两人三足

★ 游戏准备

一些用于绑腿的绳子和一块适合跑动的宽阔场地。

★ 游戏方法

(1)设置起点线和终点线,并根据人数划分多个赛道。
(2)两人为一组,将参与的家庭成员分成若干个队伍。
(3)每队中的两人并排站立,将位于左边成员的右脚与位于右边成员的左脚用绳绑在一起。
(4)游戏开始后,每队成员在自己的赛道上携手跑向终点。
(5)第一个到达终点的队伍为第一名,其他队伍按照用时长短依次排名。

★ 注意事项

- 游戏至少需要四名家庭成员参与。
- 游戏开始前,要先将场地上的杂物清理掉,确保游戏安全顺利地进行。
- 用于捆绑双腿的绳子最好选择光滑、有弹力的绳子,捆绑时不要绑得太紧,以免勒伤皮肤。

喊数抱团

★ 游戏准备

一块适合跑动的宽阔场地。

★ 游戏方法

（1）一人为裁判，其余人为游戏参与者。

（2）游戏开始时，游戏参与者围成一个圆圈慢跑。

（3）裁判喊出一个数字（数字要小于游戏参与者的人数），游戏参与者马上按照这个数字抱团，落单的或者抱团的人数与喊出的数字不符的淘汰。

（4）剩下的人按照规则重新开始一轮游戏，直至最后剩下两人胜出。

★ 注意事项

- 游戏至少需要四名家庭成员参与。
- 裁判喊数字需要一定的技巧，要根据参与活动的人数灵活调整。例如，有6人参与游戏时，如果喊"3"，则可能不会有人淘汰，如果喊4，会淘汰两人，如果喊5，则会淘汰一人。

小贴士

想要提高家庭成员参与游戏的积极性,可以适当地设置一些奖惩环节。以下几点奖惩措施可以作为参考。

★ 游戏中的赢家可以获得一项决定权,如决定晚餐吃什么、晚餐后看哪部电影等。

★ 游戏中的赢家获得一项由输者提供的服务,如由输者洗水果、输者为赢家按摩身体等。

★ 游戏中的输者接受一些惩罚,如绕着场地走两圈、整理游戏用到的工具等。

★ 游戏中的输者多承担一项家务,如做饭、扫地等。

跳的游戏

袋鼠跳、跳房子、跳绳等，丰富的跳跃游戏好玩又有趣，让所有的家庭成员都乐在其中，身体得到锻炼。

袋鼠跳

★ 游戏准备

多个能装下半个身体的袋子和一块适合跳的宽阔场地。

★ 游戏方法

（1）设置起点线和终点线。
（2）游戏参与者每人拿一个袋子。
（3）将双腿放入袋子中，双手拉起袋子。
（4）游戏开始后，参与者双手提好袋子，像袋鼠一样跳着前进。

（5）第一个到达终点的为第一名，其余人按照用时长短依次排名。

★ 注意事项

- 袋子的高度以到参与者的臀部或腰部为宜。孩子参加游戏时，要为孩子单独准备符合身高的袋子。
- 参与者在袋子中向前跳跃时要注意保持身体平衡，避免摔倒。

跳房子

★ 游戏准备

一根粉笔、一块适合跳的宽阔场地。

★ 游戏方法

（1）用粉笔在空地上画出下图所示的格子，每个格子就是一座"房子"。

（2）游戏成员从1号房子跳到8号房子，然后跳着转身，再从8号房子跳回1号房子。

（3）在1、2、3、6号房子处可以单脚跳，也可双脚跳，在4、5和7、8号并排的房子处，双脚分别落在并排的房子里。

```
        ┌─────┬─────┐
        │  7  │  8  │
        ├─────┼─────┤
        │     6     │
        ├─────┬─────┤
        │  4  │  5  │
        ├─────┴─────┤
        │     3     │
        ├───────────┤
        │     2     │
        ├───────────┤
        │     1     │
        └───────────┘
```

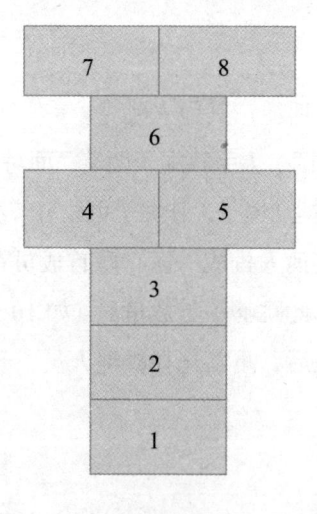

跳房子游戏

★ 注意事项

- 游戏开始前，需要将地面上的杂物清理干净。
- 可以根据家庭成员的身体状况适当增加难度或降低难度，以取得良好的锻炼效果。例如，可以借助沙包或其他物品，约定只有将沙包先投入指定的房子中，才能开始游戏。

跳长绳

★ 游戏准备

一根较长的绳子、一块适合跳长绳的宽阔场地。

★ 游戏方法

（1）两个人负责摇绳，其他人跳绳。

（2）负责摇绳的两个人手执绳子两端，面对面站立并保持一定距离，然后朝同一方向摇动绳子，让绳子可以有节奏地摇起来。

（3）摇绳外的其他人排成一队，队首成员首先跑进绳中，当绳落地时双脚跳起，如此跳够一定数量后（如 10 个）跑出去，换下一个人跳，所有人跳完后，重新选择摇绳人员，开启下一轮游戏。

★ 注意事项

- 游戏至少需要三名家庭成员参与。
- 游戏开始前，需要将跳绳区域内的杂物清理掉。
- 负责摇绳的两人要保持好摇绳的节奏，避免忽快忽慢，以免绊倒跳绳者。

跳长绳

投的游戏

打"鸭子"、投篮、投壶等,投的游戏丰富多样,这些游戏可以增强上肢、腰、背等部位的肌肉力量,让身体得到锻炼。

打"鸭子"

★ 游戏准备

一个质地柔软的沙包、一块适合投掷的宽阔场地。

★ 游戏方法

(1)角色分配:两人充当猎人,其余人充当鸭子。

(2)猎人面对面站在两端,鸭子站在两个猎人中间。游戏开始时,每个鸭子都有一条"命"。

(3)游戏开始后,一个猎人向鸭子投掷沙包,如果沙包打到鸭子,则鸭子减少一条命,如果鸭子的命为0,则直接下场。如果鸭子接住了沙包,则加一条命。

(4)对面的猎人捡起沙包,重复步骤(3),继续打鸭子。

(5)每当鸭子下场后,就和其中一个猎人交换角色,开始新一轮游戏。

柔软、轻质的沙包

★ 注意事项

- 游戏至少需要三名家庭成员参与。
- 在游戏开始前需要将场地中的杂物清理掉。
- 用于打鸭子的沙包不能太重,以免砸伤人。

5分钟投篮

★ 游戏准备

一个篮球、一个篮筐和一块适合投篮的宽阔场地。

★ 游戏方法

（1）参加游戏的家庭成员轮流进行投篮，每人限时 5 分钟。

（2）统计所有人在 5 分钟内投中的次数，投中次数最多的人为第一名，其余人按照投中数量依次排名。

★ 注意事项

- 篮筐的高度需要根据参与者的身高灵活调整，比如当孩子投篮时，可将篮筐适当调低或者父母将小朋友举高。
- 投篮时注意避让家人，以免砸伤家人。

模拟投壶游戏

★ 游戏准备

10 根一次性筷子、一个水壶和一块宽阔的场地。

★ 游戏方法

（1）以水壶充当古代的"壶"，将"壶"放在合适的位置。

（2）在距离"壶"约 1 米到 2 米远的地方设置一个投掷点。

（3）以筷子充当古代的"箭"，将 10 根"箭"放置在投掷点旁。

（4）游戏参与者依次站在投掷点，尝试将 10 根"箭"投入"壶"中。

（5）统计每个人投进的"箭"的数目，投进数目最多者获胜。

★ 注意事项

- 本游戏模拟的是古代的投壶游戏，可以灵活选用身边的物品来模拟游戏，比如用木棍充当"箭"、用花盆充当"壶"等。
- 孩子参与游戏时，可以根据其身高和年龄为其设置更近的投掷点。

球类游戏

球的种类十分丰富,包括乒乓球、羽毛球、网球、足球、篮球、排球等。和家人一起进行球类游戏时,会运用到跑、颠球等多种技能,能够让身体得到充分锻炼。

快乐颠球

★ 游戏准备

一个乒乓球、一个乒乓球拍。

★ 游戏方法

(1)游戏参与者手拿乒乓球拍,将乒乓球放置在球拍上。

(2)游戏开始后,游戏参与者先将球颠起,之后用球拍接球并连续将球颠起,直到球拍没接住球为止。

（3）游戏参与者轮流颠球，并统计每个人颠球的个数，个数最多者获胜。

孩子和爸爸在家中玩颠球游戏

★ 注意事项

- 游戏过程中，只能用球拍颠球，不可用手或其他工具辅助。
- 本游戏同样适用于其他一些球类，如羽毛球、网球、足球、排球等（足球用脚颠球，排球用手臂颠球）。
- 可以根据情况适当增加游戏难度，比如颠球时，第一次用球拍正面颠，第二次翻转球拍用反面颠，第三次继续改为正面……如此反复颠球。

绕障碍物运球

★ 游戏准备

一个足球、一些障碍桩（可用日常用品替代）、一块宽阔的场地。

★ 游戏方法

（1）将桩摆成一条直线。
（2）游戏参与者用脚踢足球，将足球从桩的一端运到另一端，在运球的过程中需要做到不碰桩，并以S形绕过每一个桩。
（3）统计所有参与者运完一次球的用时，用时最短者获胜。

★ 注意事项

- 可以适当提升难度，比如将桩摆成其他形状。
- 足球可以用篮球代替，拍球绕桩。

速度传球

★ 游戏准备

一个篮球或其他差不多大小的球、一块宽阔的场地。

★ 游戏方法

（1）设置起点线和终点线。

（2）两人一组，将游戏参与者分成若干组。

（3）游戏开始前，同组的两人距离一米左右面对面站立在起点线准备。

（4）游戏开始后，同组两人从起点线一起跑向终点线，在这个过程中，同组两人要不断互相传球，每人手持球时间不能超过3秒。

（5）传球过程中，如果球掉落，参赛人员要捡起球从刚才的位置继续游戏。

（6）记录所有组从起点到终点所用的时间，用时最短者获胜。

★ 注意事项

- 游戏开始前，需要将场地上的杂物清理掉。
- 老人或小朋友参与游戏时，可以适当降低难度，如将终点线设置得更近，或将球替换为更轻的球等。

益智类游戏

益智类游戏既能满足家庭成员娱乐的需求，又能让家庭成员动脑思考，锻炼思维能力，有益身心。各种棋类游戏以及各种牌类游戏等，都是很不错的益智类游戏。

五子棋

★ 游戏准备

一套五子棋或围棋。

★ 游戏方法

（1）对弈双方一人选择黑子，一人选择白子作为自己的棋子。
（2）开局时，棋盘为空，上面没有任何棋子。
（3）第一颗棋子须落在棋盘中心位置。

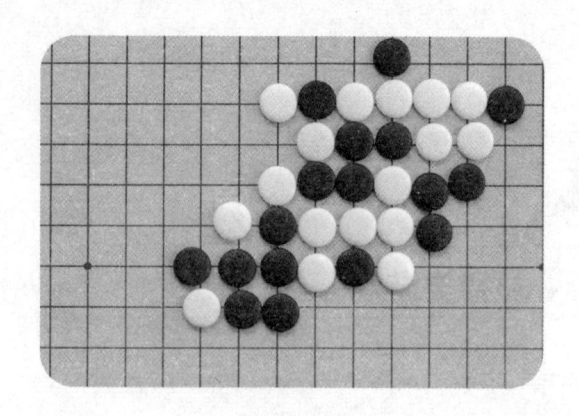

对弈中的五子棋

（4）执黑子方先下子（棋子要下在横线与竖线的交叉点上），然后是执白子方下子，对弈双方轮流下子，每次只下一颗棋子。

（5）率先形成五子连珠的一方获胜，五子连珠可以是横向的、竖向的或者斜向的。

爸爸和孩子一起玩五子棋游戏

★ 注意事项

- 五子棋只能两人对弈。
- 棋子下到棋盘上后，就不能再撤回。
- 游戏中下棋的先手具有很大优势，因此在一些正式比赛中，对黑方有禁手（通常为三三禁手、四四禁手和长连禁手三种），白方无禁手，以平衡双方的差距。在家庭游戏中，可以根据实际情况决定是否对黑方设置禁手。

二十四点（牌类游戏）

★ 游戏准备

一副扑克牌。

★ 游戏方法

（1）从整副扑克牌中取出大小王以及 J、Q、K，剩下 4 种花色的 1~10（1 表示扑克牌中的 A，下同）共 40 张牌。

（2）通过洗牌将 40 张牌打乱顺序。

（3）游戏参与者依次从牌顶摸 4 张牌。

（4）游戏参与者用数学运算（如加、减、乘、除、乘方、开方、阶乘等）把手中牌上的数字组合成一个结果为 24 的数学算式，每张牌必须用且只能用一次，例如 5、4、2、3 这四张牌可以组成 $(5+3-2) \times 4 = 24$。

（5）如果手中的牌无解，则可从牌顶重新取 4 张牌。

（6）用时最短的人获胜。

★ 注意事项

- 熟练此游戏玩法后可以适当增加难度，将J、Q、K加入其中。
- 孩子参与游戏时，可以适当调整规则，如只允许使用加、减、乘、除四种数学运算。

跳棋

★ 游戏准备

一副跳棋。

跳棋

★ 游戏方法

（1）游戏开始前，每人选择一种颜色作为自己的棋子。

（2）游戏开始后，游戏成员要将自己阵地中的棋子全部转移到对面阵地。

（3）棋子可以向相邻六个方向移动，一次可以移动一格或者"跳"若干格。

（4）棋子可以跨过相邻的棋子，实现跳棋，但是一次只能间隔一个棋子。

（5）第一个将棋子全部转移到对面阵地的为获胜者。

★ 注意事项

- 跳棋可同时供 2～6 人一起玩。
- 当满足跳的条件时，棋子可以连续跳多次。

| 第八章 |

家庭锻炼伤病应对

在家庭锻炼中可能会发生各种伤病，如皮肤擦伤、肌肉拉伤、关节扭伤、岔气、腹痛等，此时，正确、及时、妥善地应对和处理伤病，可以减缓疼痛，防止伤病进一步发展，加快伤病恢复。

接下来，就一起来看看如何应对家庭锻炼中可能产生的伤病吧。

皮肤擦伤

皮肤擦伤是指皮肤被外物刮擦而引起的损伤。皮肤擦伤后表皮破损,可能会有血液和组织液渗出。在家庭锻炼中,皮肤擦伤常常出现在手掌、肘部、膝盖、小腿等部位,分为轻型和重型。

轻型擦伤
伤口范围小,伤口比较浅,没有活动性出血。

重型擦伤
伤口范围大,伤口比较深,局部明显肿胀和出血。

轻型擦伤和重型擦伤

擦伤的严重程度不同，处理方式也不同。轻型皮肤擦伤可以参照如下的方式进行处理。

- 清理伤口。使用清水反复冲洗伤口，将伤口处的杂质清理干净。
- 给伤口消毒。用碘伏或其他消毒液擦拭伤口，对伤口周围进行消毒。
- 用无菌纱布包扎伤口。

重型皮肤擦伤除了按照以上步骤处理外，还需要在纱布包扎止血后前往医院，由医生进一步处理并指导用药。

皮肤擦伤的伤口处理完后，还需多注意休息并健康饮食，同时避免碰触伤口或让伤口碰水，以免引起感染。

肌肉拉伤

当运动过程中肌肉过度收缩或拉伸,超过肌肉的承受能力时就会引起肌肉拉伤。肌肉拉伤者会出现肌肉疼痛、局部肿胀或皮下出血等症状。

按照肌肉损伤程度,肌肉拉伤可分为轻度拉伤、中度拉伤和重度拉伤三种。轻度、中度拉伤可以根据情况在家自行处理,重度拉伤者须及时去医院就医处理。

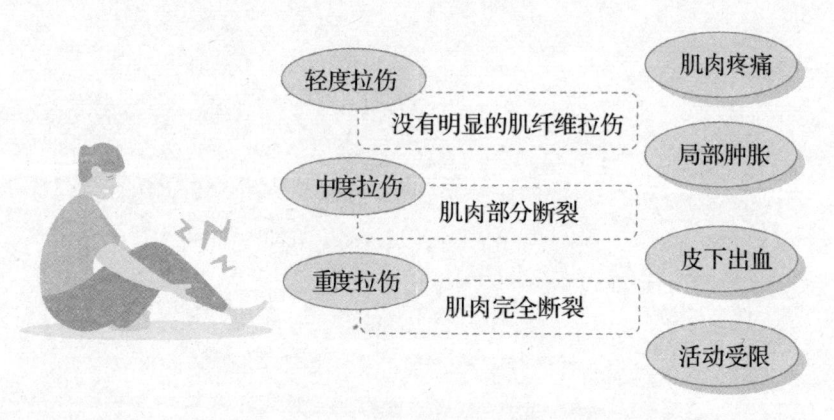

分类	症状
轻度拉伤 —— 没有明显的肌纤维拉伤	肌肉疼痛
中度拉伤 —— 肌肉部分断裂	局部肿胀
重度拉伤 —— 肌肉完全断裂	皮下出血
	活动受限

肌肉拉伤的分类以及症状

轻度以及中度拉伤可以根据具体情况按照以下步骤在家进行处理。

- 立即停止运动，进行休息。休息可以减轻肌肉负担，防止肌肉拉伤进一步加重。
- 冰敷。肌肉拉伤早期可用冰袋（用毛巾包裹以防冻伤皮肤）在肌肉拉伤部位冰敷，这样能够有效收缩血管，缓解肌肉拉伤部位的肿胀和疼痛。
- 热敷。肌肉拉伤三天后如果受伤部位仍有明显的淤血或淤斑，可进行热敷，热敷可促进血液循环，有利于消散淤血。

如果进行以上处理后，肌肉拉伤仍然没有好转，就需要及时就医处理。

关节扭伤

关节扭伤常常出现在踝关节、手腕部、下腰部等部位。关节扭伤患者会出现疼痛、肿胀、关节活动不灵等症状。

发生关节扭伤时通常要进行以下处理。

- 立刻停止运动,进行休息。出现扭伤时应及时休息,避免扭伤进一步加重。
- 冰敷。关节扭伤早期可用冰袋(用毛巾包裹以防冻伤皮肤)在关节扭伤部位冰敷,这样能够有效收缩血管,起到消肿、止痛、止血的作用。
- 及时就医。发生关节扭伤时,除了停止运动、冰敷外还需及时就医,查看是否有骨折、韧带伤等损伤。

感冒

感冒是一种常见的病毒感染，常常会引起头痛、喉咙痛、咳嗽、鼻塞、流鼻涕等症状。在家庭锻炼中，正确应对感冒，合理进行锻炼，才能恢复健康的体魄。

- 如果感到身体不适，应停止锻炼，休息一段时间。感冒期间，身体的免疫系统处于较弱状态，如果继续锻炼，容易导致病情加重或者并发其他疾病。
- 如果感冒不严重，不影响呼吸，可以进行简单的锻炼，如拉伸、轻缓的瑜伽等。但应适当减少运动量，以免感冒加重。
- 感冒期间要保持良好的卫生习惯，避免传染给他人。在锻炼过程中勤洗手，并避免用手触摸口鼻眼等部位。
- 感冒期间需要注意饮食和休息。以清淡菜品为宜，适当增加营养，多饮水，忌食辛辣、刺激性食物。同时，应保持充足的休息和睡眠，这样有助于加快身体的康复和增强免疫力。

总体而言，感冒时，要根据自身情况合理开展或停止家庭锻炼，保持良好的卫生习惯，注意饮食，适当休息，从而使身体快速康复。

岔气

岔气又称为急性胸肋痛。一些人在做剧烈运动时，身体肌肉状态跟不上运动节奏，就会发生岔气。岔气时，胸肋部有疼痛感，导致运动无法继续进行，从而影响锻炼。

出现岔气时，应立即停止运动，同时可以通过以下一些方法消除或缓解岔气。

- 自我按摩。使用手掌根部在岔气处轻轻揉动5~7分钟，让肌肉得以放松。
- 缓慢深呼吸。岔气后要调整呼吸节奏，反复进行缓慢的深呼吸，帮助肌肉放松。
- 进行腹式呼吸。放松，用鼻吸气使腹部隆起，憋气1~2秒后，用口呼气，利用这种腹式呼吸可以减少胸部的疼痛。

如果岔气严重，或通过以上措施均无法缓解或消除岔气，则应及时去医院就医诊治。

小贴士

岔气会打乱正常的锻炼节奏,影响锻炼计划。不过,岔气是可以预防的,通过下列方法可以有效预防岔气,让锻炼更舒畅。

★ 开始锻炼前,充分热身。热身可以放松肌肉,增加心肺功能,从而减少岔气的发生。

★ 控制运动强度。运动过于剧烈时发生岔气的概率更高,因此适当降低运动强度可以有效预防岔气。

★ 调整运动时呼吸的深度。当呼吸急促时,氧气的摄入无法满足肌肉的需求,就容易产生岔气,因此运动过程中宜深呼吸,慢吸快呼,这样可以增加运动时的摄氧量,预防岔气。

腹痛

在进行家庭锻炼时可能会出现腹部疼痛的问题,此时应了解腹痛的成因,并加以处理。

常见的腹痛以及成因如下。

胃肠痉挛
多因饮食不当引起,如饮食过饱,饭后立即运动,或食用不好消化的食物等。

肝脾区疼痛
由于运动前准备活动不足或运动时呼吸节奏紊乱所致。

腹直肌痉挛
多因运动时排汗增多,体内盐分丧失而导致。

常见的腹痛以及成因

运动中出现腹部疼痛时，可采用以下方法进行处理。

- 减缓运动速度和强度，加强深呼吸，调整呼吸节奏。
- 尝试用手按压腹部疼痛部位。
- 通过做背伸动作拉长腹部肌肉来缓解疼痛。

如果通过以上措施均无法缓解或消除腹痛，则应及时去医院就医诊治。

抽筋

抽筋，即肌肉痉挛，多发生在小腿以及脚趾等部位。抽筋时，抽筋的部位十分疼痛，待抽筋的症状消失后，疼痛感也会消失。

在家庭锻炼中出现抽筋时不必慌张，首先应立即停止运动，进行休息。休息时可以用拇指按压抽筋部位来缓解疼痛。其次，根据不同的身体部位抽筋的情况，采用有针对性的处理方式。

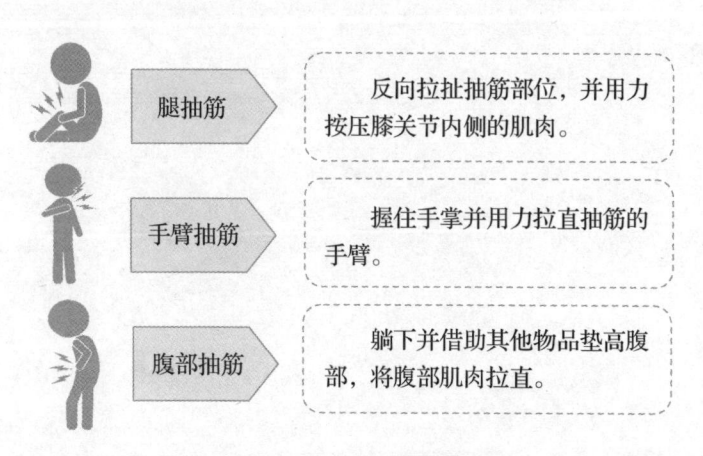

腿抽筋：反向拉扯抽筋部位，并用力按压膝关节内侧的肌肉。

手臂抽筋：握住手掌并用力拉直抽筋的手臂。

腹部抽筋：躺下并借助其他物品垫高腹部，将腹部肌肉拉直。

不同身体部位抽筋时的处理方式

小贴士

运动过程中身体部位抽筋时,常常让人疼痛难忍,更是影响锻炼效果,那么如何才能预防抽筋呢?

★ 先热身,再锻炼。热身可以让僵硬的肌肉充分放松,让肌肉提前进入运动状态,从而减少抽筋的发生。

★ 锻炼时要循序渐进,避免突然进行剧烈的活动。

★ 适当休息,防止肌肉疲劳。肌肉过度疲劳时容易引发抽筋,因此在锻炼的过程中要根据身体状况适当休息。

中暑

夏天天气较热时进行锻炼,可能会中暑。中暑时,会出现头晕、口渴、多汗等症状,体温相较平时也会略有升高。如果在家庭锻炼过程中发生中暑,可以采取以下措施来缓解。

- 立即停止运动,到阴凉通风处休息。中暑后要远离高温环境,转移到凉爽的地方,并解开衣物,让身体的热量尽快散发出去,同时可补充一些淡盐水。
- 采用物理降温法,用冰袋冷敷头部、颈部、腋下等部位,用凉水擦拭身体,使身体尽快散热降温。
- 如果中暑严重或出现晕厥情况,应立即去医院就诊。

出血

如果在家庭锻炼过程中意外受伤导致出血,要及时采取措施止血,以下是一些应对出血的建议。

- 立刻停止锻炼,进行休息,防止伤口进一步扩大和加深。
- 加压包扎止血。静脉、毛细血管出血时,可以在出血区域上加盖干净的纱布、毛巾、布料等敷料,然后用绷带或纱布加压包扎以止血。
- 抬高伤肢止血。四肢部位的毛细血管出血或小静脉出血时,可以抬高四肢至高于心脏处,从而降低伤口处的血压,减缓出血。
- 冰敷。将冰袋包裹在毛巾中,然后放在出血部位上冰敷,从而减轻疼痛和肿胀。
- 如果出血量较大,应及时去医院就诊。

骨折

在家庭锻炼过程中，意外跌倒、碰撞或扭伤时可能会引发骨折。发生骨折后受伤部位可能会有以下一些症状。

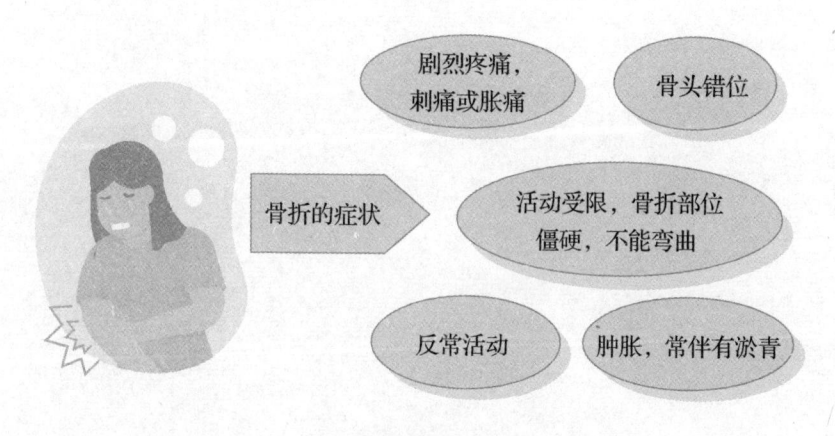

骨折的症状：剧烈疼痛，刺痛或胀痛；骨头错位；活动受限，骨折部位僵硬，不能弯曲；反常活动；肿胀，常伴有淤青

受伤部位骨折后的症状

发生骨折后及时处理可以有效避免伤情进一步发展。

- 立刻停止运动,进行休息,以防骨折处的伤口进一步恶化。
- 当受伤部位出血时先止血。可采用加压止血法或其他方法止血。
- 用木板或其他硬物固定骨折处。在固定时,先在木板与肢体之间垫上松软的物品以免弄伤皮肤和伤口,然后再用绳带将木板与肢体捆绑好。

| 第九章 |

家庭锻炼实用"神器"

在家庭日常锻炼中，巧妙利用一些器械和智能运动设备，如哑铃、瑜伽球、运动手表、跳舞毯、体感游戏机等，能让锻炼体验更丰富、更便捷、更智能。下面就来认识一下这些家庭锻炼实用"神器"吧。

轻巧器械

一些轻巧的锻炼器械不仅方便家居收纳，还能随身携带，更能丰富锻炼形式、强化锻炼效果，是家庭日常锻炼器械首选。下面就来认识两类常用的家庭锻炼轻巧器械。

方便好用的轻巧器械

★ 壶铃

壶铃可作为负重器械用于力量锻炼。

壶铃

壶铃摆动：双脚开立稍比肩宽，双手持壶铃；屈膝深蹲，再快速起身，深蹲和起身的同时，双手持壶铃快速直臂在体前和胯下上下摆动，反复练习。

壶铃平举：深蹲姿势，双手体前持壶铃，腰背挺直，双手持壶铃上摆，直臂平举，坚持数秒后还原，反复练习。

壶铃屈臂：双脚开立，一手叉腰，一手持壶铃做屈肘屈臂动作。反复练习，以锻炼大臂。

壶铃平举

★ 哑铃

哑铃有不同种类，样式和重量各不相同，要结合自己的力量大小选择适合的哑铃。

哑铃弓步深蹲：双脚开立，单手持哑铃，上体正直，一脚向前迈步，重心下降，成弓步深蹲，还原，反复练习。

哑铃屈臂：动作方法同壶铃屈臂。

俯身哑铃飞鸟：双脚开立，上体稍前倾，收腹，挺背，双手持哑铃自然下垂，双手侧平举至与背部水平，仿佛鸟儿展翅，还原，反复练习。

不同种类的哑铃及哑铃片

哑铃弓步深蹲

★ 健身垫、瑜伽球、瑜伽砖

健身垫、瑜伽球、瑜伽砖能在锻炼中给予身体很好的支撑和保护，也能适度增减锻炼难度，在日常锻炼中使用非常广泛。

垫上跪撑：跪在健身垫上，双膝分开约同肩宽，双手扶握脚踝支撑身体，直臂，头、上身后仰，坚持数秒。该动作可以作为热身动作活动腰、髋、头、颈、肩等关节。

瑜伽球撑腿卷腹：仰卧在瑜伽垫上，双腿置于瑜伽球上，双臂平举前伸，腹部用力，使头、胸、背尽量抬高远离垫子。

瑜伽球上平板支撑：俯卧，双肘撑在瑜伽球上，双腿伸直，双肘、脚尖支撑身体，整个身体呈一条斜直线。

瑜伽球俯卧撑：俯卧，将双腿置于瑜伽球上，双手扶地，直臂支撑，屈肘，做俯卧撑。

瑜伽砖俯卧撑：俯卧，双手撑在瑜伽砖（瑜伽砖可横放、竖放、立放或叠放）上，双手、双脚掌支撑身体，身体呈一条斜直线，屈肘，做俯卧撑。

瑜伽垫、瑜伽砖、瑜伽球

垫上跪撑

瑜伽球撑腿卷腹

★ 其他健身健美小器械

- 健腹轮，可用于腹部力量练习、减少腹部赘肉的锻炼。
- 跳绳，家用锻炼必备器械，主要用于紧实腿部肌肉、美化腿部线条，提高心肺功能的锻炼。

- 弹力带、弹力绳、弹力圈，可挂可折叠，方便收纳和携带，可以有多种使用方法，能练到全身。
- BOSU平衡训练器，俗称半圆平衡球，可锻炼身体的平衡性。
- 扭腰盘，多用于腰部肌肉训练。
- 美腿夹，又叫美腿夹器、盆底肌训练器，可用于腿部、手臂等部位的抗阻（力）塑形锻炼。
- 智能呼啦圈，可固定在腰部，圈环外带一小球，能自动计数，锻炼时占地空间小，人人都可以轻松转动并不会滑落。

健腹轮、握力器

跳绳

弹力带

弹力绳

第九章 家庭锻炼实用"神器" | 265

平衡球

智能呼啦圈

利用美腿夹进行手臂抗阻锻炼

利用美腿夹进行腿部抗阻锻炼

可用于放松的小器械

- 泡沫轴，在腰背部放松时经常用到。
- 按摩球，有不同大小和形状，如圆球、刺猬球、四角球等，可用于浅层肌肉的放松。
- 按摩棒，有多种形状和种类，可用于身体不同部位肌肉的按摩放松。
- 筋膜枪，可用于放松肌肉、筋膜，缓解锻炼后的肌肉酸痛症状。

泡沫轴　　　　　　按摩球　　　　　　按摩棒

第九章 家庭锻炼实用"神器" | 267

利用按摩棒放松手臂

利用筋膜枪放松腿部

运动护具

在家庭锻炼中，穿戴运动护具能够让运动更加安全。不同的运动形式或运动项目有不同的运动护具，整体来说，运动护具大致分为以下几种。

- 头盔，用于保护头部免受伤害。
- 保护关节的护具，如护腕、护肘、护膝、护踝等。
- 保护身体部位的护具，如护肩、护腰、护腿等。
- 专业运动护具，如游泳运动中用到的护目镜、击剑运动中用到的面罩、滑雪运动中用到的护臀、跆拳道运动中用到的护裆等。

在选择运动护具时，应注意以下几点。

- 结合运动项目和自己的水平选择相应的护具，不逞强。

- 结合自己的身体尺寸选择运动护具，运动护具码数要合适，过大或过小的运动护具会影响穿戴感受和保护作用。以护腕为例，护腕太紧会影响血液流通，太松则无法起到保护作用。

运动手表

运动手表（又称运动腕表）是很多运动爱好者非常喜欢使用的锻炼"神器"，在日常运动锻炼中，佩戴智能运动手表可以随时监测和了解自己的锻炼情况。

目前，市场上常见的运动手表配有不同的运动传感器，根据传感器类型大致可以分为以下几类。

计步手表：记录单位时间内的运动步数；通过输入步长计算运动速度、距离；通过输入体重推算能量消耗。

GPS 手表：记录运动速度、运动时间、运动轨迹。

心率手表：感应和记录运动者的运动心率。

多功能智能运动手表：监测身体健康、记录运动数据、沟通联系。

在家庭日常锻炼中，佩戴和使用智能运动手表，可以通过手表记录的一些数据，及时了解锻炼过程中自己的身体状况或调整锻炼强度。

既然运动手表如此实用,该如何选购一款适合你的运动手表呢?这里有以下几点建议。

- 选择大品牌出品、有良好质量、有售后保障的运动手表。
- 选择轻便的运动手表。
- 选择低耗电、长久待机的运动手表。当然待机时间长的运动手表会相对较重,要结合运动需求综合考虑。
- 选择搜星速度快、运动轨迹记录准确的运动手表,如运动手表能搜几种卫星,是否可以借助手机 App 加速卫星搜索,对运动轨迹的感知是否敏锐、准确。
- 结合运动需求选购,如从事爬山、打球、游泳等运动时,应选购具有防震、防水功能的运动手表。
- 少年儿童应选购具有 GPS 定位功能的运动手表。
- 老年人适合选择有运动安全提醒设置功能的运动手表。

运动手表可记录多种锻炼数据

运动健身 App

随着智能手机的广泛普及,各种 App 为人们的日常生活提供了许多便利,运动健身类 App 能为个体的健身锻炼提供很多贴心服务,是家庭锻炼的智能助手。

结合不同家庭成员的锻炼需求,以及应用广泛程度,这里简单推荐以下几款运动健身类 App。

Keep:提供跑步步数计算、骑行距离计算、健身教学、健身饮食指导、社交等服务。

咕咚:提供跑步骑行记录统计、AI 健身训练、社交等服务。

乐动力:提供步数计算、AI 体感运动、健身课程等服务。

悦动圈:提供运动记录、健身课程、赛事报名、活动组织、社区、电商等服务。

薄荷健康:提供热量查询、定制食谱、社区、电商等服务。

每日瑜伽:提供瑜伽视频教学服务。

糖豆广场舞:提供广场舞视频教学服务。

小贴士

市场上运动健身类 App 有很多，如何选择以及合理使用它们呢？这里有以下建议。

★ 选择主推范围和项目适合自己的健身类 App。

★ 视情况更新软件版本，否则可能会影响健身数据的准确性和 App 的正常运行。

★ 健身类 App 上的各类数据可以作为参考，但不要过度"迷信"这些数据。

★ 保持健身锻炼的初心，不要沉迷于购买各运动博主推荐的运动课程或装备。

★ 公开分享运动轨迹时，注意保护个人私密信息。

体感游戏机

体感游戏机使人通过穿戴、手持智能感应设备，完成各种体育运动项目和运动游戏，其不受天气、空间限制，是居家健身锻炼的运动"神器"。

体感游戏机带来的别样运动体验

体感游戏机通过连接主机与电视，利用游戏手柄或游戏器具及摄像头数据分析，准确捕捉玩家手势和身体动作，实现人机互动。通过体感游戏机，能突破时空限制，在家参与各种运动锻炼。

目前，体感游戏机可以提供以下运动体验。

- 满足日常健身需求，通过身体运动完成各种运动游戏，在游戏中增强体质、愉悦心情。
- 亲子互动，和孩子一起参与体育运动游戏，增进感情。

- 老年人可以在家完成一些运动保健类游戏,既能健身养生,又能丰富晚年生活。
- 提供竞技体育运动游戏,如赛跑、拳击。
- 亲友、网友之间进行运动游戏互动,如乒乓球双打游戏。

体感+虚拟现实,享受智能运动生活

随着科技的不断发展,虚拟现实走进人们的生活,人们可以佩戴 VR 眼镜"进入"虚拟世界,而诸如体感游戏机的体感设备和虚拟现实的结合,能让运动者"身临其境"地进入虚拟运动场地和空间,让运动体验更加真实和酷炫。

体感游戏机+虚拟现实可以让日常锻炼更加便捷,让运动者有机会去尝试日常难以接触到的运动。

- 人们不需要离开家去健身房、去运动场馆,在家就能锻炼。
- 可以和远方的亲友在同一时间"面对面"锻炼,彼此相互监督和鼓励,让锻炼持之以恒。
- VR 可以模拟对抗和竞赛,让锻炼更有趣,而且运动者不会因遭到对手的"攻击"而真的受伤。
- VR 可以将个体"传送"到任何他们想要去的运动场景中去,如森林、高原、海滩甚至海底。
- 可以模拟极限运动环境,如攀岩、跳伞,在安全的环境下丰富个体的运动体验。

当然，应用体感＋虚拟现实的智能运动也并非完美，它目前存在如下不足。

- 智能运动系统的科研成本高，技术还不成熟，目前专业的运动 VR 游戏较少。
- VR 运动设备价格较高，会增加家庭锻炼成本。
- 长时间佩戴 VR 运动设备会导致眼睛和耳朵疲劳。

科技改变生活，体感＋虚拟现实，让现代人得以享受到智能运动生活，相信随着科技的不断发展，未来人们的智能运动生活会更加丰富多彩。

VR 拳击

跳舞毯

跳舞毯可以连接电视，将电视变成运动游戏机，创设个人跳舞闯关、两人跳舞 PK 等游戏模式和场景，实现在家就能学练跳舞的梦想，因此备受跳舞爱好者的喜爱。

跳舞毯多在室内使用，不受天气影响，是有氧健身的"神器"。目前，市场上的跳舞毯主要有以下几种类型。

接电视的跳舞毯：有音频、视频三接头。

接电脑的跳舞毯：有 USB 接口数据线。

两用式跳舞毯：既可以连接电视又可以连接电脑，自带光盘。

接 VCD 式跳舞毯：跳舞毯先连接 VCD/DVD，再连接电视。

跳舞毯的具体锻炼使用方法和注意事项如下。

- 跳舞毯上有方向踏板（键），运动者根据电视或电脑屏幕画面上不断出现的上、下、左、右各个方向的箭头提示，及时踩踏相应的方向踏板（键）。

- 单人闯关。
- 双人 PK。
- 跳舞毯四周 2 米内无障碍物。
- 选择的舞蹈应难度适宜。
- 如果想减肥，跳舞时间不宜过长（不超过 1 小时），避免有氧运动变成无氧运动。
- 饭后不宜马上跳舞。
- 不使用时及时切断电源，收纳在干燥通风处。

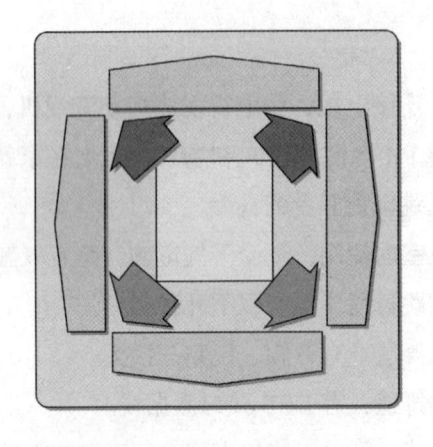

跳舞毯及方向踏板（键）示意图

智能健身镜

近年来,智能健身镜在健身健美圈热议不断,被誉为健身界的"魔镜",是健身达人的必备"神器"。

简单来说,智能健身镜是镜子,更是健身器材,它内置智能模块、配有摄像头,能捕捉到镜子前的运动者(用户)的身体关节和运动轨迹,能实时模拟镜前运动者的身体姿势,给出身体参数,也可以播放健身课程指导运动者在家锻炼。

目前市场上的智能健身镜大多具有以下功能。

- 镜高一般在 1.8 米左右,可照全身。
- 配置摄像头和传感器。
- 可识别运动者的动作。
- 支持遥控器、App 和手势多种操控。
- 支持触屏操作。
- 镜面可实时显示运动者的 AI 人体影像。
- 有动作纠错提醒。

- 有语音激励，能让锻炼更有趣，增强运动者的信心。
- 锻炼后，可给出消耗热量的文字提示并打分。
- 提供健身课程，可在家享受私教指导锻炼。
- 搭载体感游戏。
- 可播放音乐，有天气和闹钟功能。

智能健身镜概念图

参考文献

[1] 北京医师跑团. 你真的会跑步吗 [M]. 北京：现代出版社，2018.

[2] 卞庆奎. 青少年成长手册·体育篇 [M]. 北京：北京时代华文书局有限公司，2013.

[3] 高松源. 小拉伸 大健康 [M]. 北京：中国商业出版社，2013.

[4] 国家体育总局体育科学研究所. 老年人居家科学健身方法指导 [M]. 北京：人民邮电出版社，2020.

[5] 刘晓红，康琳. 协和老年医学 [M]. 北京：人民卫生出版社，2016.

[6] 马飞. 现代家庭医生·运动锻炼篇 [M]. 呼和浩特：内蒙文化出版社，2000.

[7] 潘丽萍. 时尚健身实务指导 [M]. 北京：化学工业出版社，2015.

[8] 《全民健身活动指导丛书》编委会. 全民健身活动指导丛书. 健

身理论指导篇 [M]. 西安：陕西科学技术出版社，2011.

[9] 唐基云. 体育游戏荟萃及教学案例 [M]. 北京：人民体育出版社，2010.

[10] 无锡市老龄工作委员会，无锡市康复医学会. 实用老年康复指南 [M]. 北京：人民卫生出版社，2015.

[11] 杨先梅. 急救知识普及读本 [M]. 北京：应急管理出版社，2019.

[12] 郑洁皎. 老年人防跌倒居家康复指导 [M]. 北京：电子工业出版社，2019.

[13] 陈思思 .24 小时瘦身攻略 [J]. 健与美，2023（07）：61.

[14] 丁有红. 瘦子的烦恼 如何健康增重 [J]. 江苏卫生保健，2018（7）：44.

[15] 董海原，凌建春，寇林元. 公众高温中暑预防与紧急处理指南 [J]. 健康向导，2014（4）：48—51.

[16] 高海君. 田径训练中运动疲劳的诊断与恢复 [J]. 当代体育科技，2021（17）：27—29.

[17] 郭旭光. 老年人康复锻炼该注意哪些问题 [J]. 解放军健康，2020（6）：32.

[18] 何丽. 饮食＋运动＋行为，科学减重这么做 [J]. 饮食科学，2022（7）：12—13.

[19] 李青山. 运动能否有效预防阿尔兹海默氏病？[J]. 心血管病防治知识（科普版），2014（3）：69.

[20] 李志峰. 适量运动提升睡眠质量 [J]. 中老年保健，2009（12）：34—35.

[21] 梁丹丹，壹图. 夏季运动与补水 [J]. 中老年保健，2018（7）：84+80.

[22] 柳惠斌.《国家学生体质健康标准》测试的组织与实施——以体能测试赛为例 [J]. 福建教育，2021（43）：22—24.

[23] 吕亚南，马志君，李铭一，张友，李海霞，刘守君. 广场舞对老年人身体健康的影响分析 [J]. 科技资讯，2017（18）：255—256.

[24] 牟羿名. 拉伸训练对健身健美运动的作用探索 [J]. 健与美，2023（7）：112—114.

[25] 齐安. 练出马甲新潮流 [J]. 人人健康，2015（22）：90.

[26] 申海军. 男性大学生健美运动处方 [J]. 延安大学学报（自然科学版），2003（2）：76—78.

[27] 吴海燕. 小学生家庭体育锻炼计划的制定及对核心素养的影响 [J]. 科学大众（科学教育），2019（11）：54.

[28] 晓苏. 家庭游戏 [J]. 文学教育（上），2020（07）：7—11.

[29] 肖锦南，刘民辉，肖霖，白杨，唐四元. 广场舞对老年人健康的影响及其发展建议 [J]. 中国老年学杂志，2016（23）：6045—6047.

[30] 杨磊，柳维林. 太极拳在老年人运动康复实践中的应用研究进展 [J]. 中国健康教育，2022（10）：939—941+959.

[31] "医学前沿 FrontMed" 微信公众号. 低碳饮食对超重及肥胖人群减重作用优于运动 [J]. 前进论坛，2022（8）：35.

[32] 张承玉. 家庭体育教育与全民健身计划的实施 [J]. 山东体育学院学报，2000（2）：85—86.

[33] 程春芳. 体育锻炼对预防及治疗阿尔兹海默症的影响 [A]. 第三届"全民健身 科学运动"学术交流大会论文集 [C]. 2021：89—90.